# Bernhard Schircks

## *Ohne Ideologien*

# Bernhard Schircks

# *Ohne Ideologien*

Mein Buch

Die Deutsche Nationalbibliothek verzeichnet diese Publikation in der Deutschen Nationalbibliografie; detaillierte bibliografische Daten sind im Internet über dnb.dnb.de abrufbar. Die Schweizerische Nationalbibliothek (NB) verzeichnet aufgenommene Bücher unter Helveticat.ch und die Österreichische Nationalbibliothek (ÖNB) unter onb.ac.at.

Unsere Bücher werden in namhaften Bibliotheken aufgenommen, darunter an den Universitätsbibliotheken Harvard, Oxford und Princeton.

Bernhard Schircks:
*Ohne Ideologien*
ISBN: 978-3-03877-066-4

Buchsatz: Danny Lee Lewis, Berlin: dannyleelewis@gmail.com

Mein Buch® ist ein Imprint der
Europäische Verlagsgesellschaften GmbH
Erscheinungsort: Zug
© Copyright 2021
Sie finden uns im Internet unter: www.MeinBu.ch

# Inhalt

# Ideologien

Können wir ohne Ideologien leben?
Gibt es gute und schlechte Ideologien?

Sozialismus, Kommunismus, Kapitalismus und Nationalismus: Diese Begriffe sind für mich alle negativ besetzt. Aber auch die monotheistischen Religionen (Christentum, Judentum und Islam) sind eine Art von Ideologie.

**Alle diese Ideologien haben furchtbares Elend über die Menschheit gebracht.**

Es ist Zeit, dass wir ohne Ideologien leben und pragmatische Lösungen für das Zusammenleben suchen. Alle Ideologien beanspruchen das Monopol auf die Wahrheit. Darum können Menschen mit verschiedenen Ideologien nie friedlich miteinander leben.

Auch kann ein überzeugter Ideologe nie ein guter Demokrat sein, denn er ist der Wahrheit seiner Ideologie mehr verpflichtet als den Regeln der Demokratie.
Viele Leute mit einer abgeschwächten Form des Sozialismus merken nicht, dass sie Anhänger einer Ideologie sind. Diese Form des Sozialismus ist heute in den entwickelten Ländern die am weitesten verbreitete Ideologie. Ich nenne sie die rosarote Ideologie.

Wie lange können die heute vorherrschenden Ideologien noch überleben?

Ideologien der Eltern werden meistens von den Kindern übernommen. Ein im christlichen Glauben unterwiesenes Kind wird seine Überzeugung beibehalten, ein jüdisches Kind wird mit grosser Wahrscheinlichkeit Jude bleiben und Kinder in islamischen Ländern werden Mohammedaner werden.

**Ist es erlaubt, Kinder so zu indoktrinieren, dass sie sich nur nach jahrelangen inneren Konflikten von den anerzogenen Fesseln lösen können?** Ist es nicht an der Zeit, religiös oder politisch einseitig geprägte Schulen nicht mehr zu unterstützen? Eltern sollten ihr weltanschaulich geprägtes Leben vorleben, aber sie dürfen ihre Kinder nicht indoktrinieren.

Matthäus, Lukas und Johannes würden sich im Grabe umdrehen, wenn sie erfahren würden, dass jetzt in den christlichen Kirchen Babys getauft werden. Gemäss dem Neuen Testament soll getauft werden, wer sich aus freiem Willen Jesus zuwendet.

Genitale Verstümmelungen jeder Art sollten verboten oder geächtet werden.

Ist die religiöse Freiheit nicht ein hohes Gut? **Nein, Religionen sind von Natur aus intolerant und gegenüber Intoleranz darf es keine Toleranz geben.**

Der Koran wurde von Mohammed geschrieben und Mohammed war in seiner zweiten Lebenshälfte ein Kriegsherr.

Die Bücher des Alten Testamentes waren die Grundlage einer staatstragenden Religion, und diese Religion musste das jüdische Volk zusammenhalten und war die Motivation, Land mit Waffengewalt zu erobern.

Der christliche Glaube entstand unter der römischen Herrschaft. Wenn der christliche Glaube direkt oder indirekt zum Widerstand gegen Rom aufgerufen hätte, wäre er sofort radikal bekämpft worden. **Der christliche Glaube hatte nur eine Chance, weil er defensiv ist.** Das Neue Testament ruft an keiner Stelle zu Gewalt auf, aber es zitiert häufig das Alte Testament, das sich nicht von Gewalt distanziert.

Die drei heiligen Bücher verursachen Gewalt auf der ganzen Welt, denn alle drei beanspruchen allein seligmachend zu sein, was bewirkt, dass ihre Anhänger nicht in Frieden miteinander leben können.

Weitsichtige Christen, Juden und Mohammedaner sollten zusammensitzen und vereinbaren, dass alle Stellen in ihren heiligen Büchern, die zu Gewalt aufrufen, heute keine Bedeutung mehr haben.

Der Kommunismus und der Sozialismus sind Pseudoreligionen und rufen beide zum Klassenkampf auf. Kampf und Frieden passen nicht zusammen.

Kann man gegen alle Ideologien und Religionen sein? Nimmt dann nicht der Egoismus überhand? Wir sind uns sicher alle einig, dass der Mensch für Höheres einstehen soll.

Nach der Französischen Revolution galt als Motto: Freiheit, Gleichheit, Brüderlichkeit. Für mich sind auch die Begriffe Fairness und Gerechtigkeit wichtig.

**Wir sollten uns nicht bemühen die Wahrheit, sondern die beste Ethik zu finden.**

Moslems sind von ihrer islamischen Kultur, Kinder von sozialistisch denkenden Eltern sind vom Sozialismus geprägt, aber alle sollten sich deutlich von intoleranten Aspekten der Weltanschauung ihrer Eltern distanzieren.

Der Islam, der Sozialismus, verschiedene Formen des Nationalismus und des Neoliberalismus sind Ideologien, die heute von ihren Anhängern am unduldsamsten propagiert werden.

Kann man ohne Religionen oder Ideologien leben? Oder hat jeder eine Ideologie? Nein, jeder hat eine Weltanschauung, aber nicht alle haben eine Ideologie, denn Ideologien sind vorgefertigte Weltanschauungen.

# Sozialismus

Welche Weltanschauungen herrschen in Europa vor?
Die meisten Einwohner sind Katholiken oder Protestanten. Man kann aber auch zwei oder drei Weltanschauungen gleichzeitig haben. So haben die meisten eine Weltanschauung, die auf dem christlichen Glauben basiert und viele sind gleichzeitig stark vom Sozialismus geprägt und merken nicht, dass sie von einer light Form von Sozialismus gesteuert werden. Ich nenne diese Lebenseinstellung auch die rosarote Weltanschauung.

**Der Sozialismus ist eine Ideologie, die alle territorialen Grenzen aufheben will.** Jeder Mensch auf der ganzen Welt darf dort wohnen, wo er möchte. Zum Beispiel darf ein Mensch aus Indien, aus Kamerun oder aus Kanada sich in Deutschland niederlassen, wenn er das möchte, und niemand darf ihn daran hindern. Diese Absicht klingt schön, ist aber in der Realität nicht umzusetzen.

Der Sozialismus will verhindern, dass es Auseinandersetzungen zwischen den Nationen gibt. Er konzentriert sich auf Auseinandersetzungen zwischen den Gesellschaftsschichten (Klassen). Fortschritt entsteht dann, wenn die unteren Klassen sich gegen die oberen durchsetzen.

Die nationalistischen Kräfte konzentrieren sich auf Auseinandersetzungen in der Horizontalen, der Sozialismus auf Auseinandersetzungen in der Vertikalen.

Der Sozialismus positioniert sich links von der Mitte. Wer pragmatisch politisiert und versucht, sich nur von der

Vernunft leiten zu lassen, nimmt an, dass er sich in der Mitte positioniert. Er befindet sich aber leicht rechts vom Sozialismus und wird an den rechten Rand gedrängt. Mit dieser Strategie gehen Sozialisten gegen alle andersdenkenden Menschen vor. Mit Gruppierungen, die sich links vom Sozialismus positionieren, beschäftigen sich Sozialisten kaum, aber Gruppierungen rechts von ihnen werden mit grossem Eifer bekämpft. **Da der Sozialismus eine Ideologie ist und auch Züge einer allein-seligmachenden Pseudoreligion hat, politisieren sozialistisch denkende Menschen mit erstaunlich grossem Eifer gegen alle, die nach ihrer Ansicht rechts von ihnen stehen.**

Viele junge Menschen, die die rosarote Weltanschauung angenommen haben, möchten ihre Weltanschauung weitergeben und versuchen, Journalist zu werden. Bürgerliche haben diesen Missionseifer meistens nicht und deshalb ist es nicht verwunderlich, dass in den Medien linke Ansichten vorherrschen.

Nur dickhäutige Menschen können den rosaroten Angriffen auf Dauer widerstehen und werden deshalb häufig als Rüpel empfunden. Rüpel kann man in den Medien leicht angreifen und somit geht die Strategie auf.

Man könnte argumentieren, dass sich ohne Sozialismus niemand für die wirtschaftlich Schwachen einsetzt. Auf dieses Thema werde ich in einem späteren Abschnitt zurückkommen.

# Nationalismus

Bei der Bundeszentrale für politische Bildung fand ich folgende Definition für Nationalismus:
Nationalismus bezeichnet eine Ideologie, die die Merkmale der eigenen ethnischen Gemeinschaft (z. B. Sprache, Kultur, Geschichte) überhöht, als etwas Absolutes setzt und in dem übersteigerten (i. d. R. aggressiven) Verlangen nach Einheit von Volk und Raum mündet.

Wie unterscheidet sich der Patriotismus vom Nationalismus?
Aus Wikipedia: Immanuel Kant notierte etwa, *der instinktgeleitete Nationalismus müsse ausgerottet werden, »an dessen Stelle Patriotism und Cosmopolitism treten muss«.*
Der deutsche Bundespräsident Johannes Rau formulierte diesen Unterschied 1999 folgendermassen:
***Ein Patriot ist jemand, der sein Vaterland liebt. Ein Nationalist ist jemand, der die Vaterländer der anderen verachtet.***
Sicher ist es ganz natürlich, wenn man seine Heimat liebt und wenn man sich am wohlsten in seinem eigenen Land fühlt, aber wenn die Heimatliebe übersteigert und überhöht wird, wird sie zum Nationalismus und kann zu einer gefährlichen Ideologie werden.
Auch hier führt ein übersteigertes Überlegenheitsgefühl zu Konflikten mit Minderheiten oder Personengruppen mit anderen Weltanschauungen oder Ideologien.

1945 wurde der Essay »Notes on Nationalism« von **George Orwell** publiziert.

Wikipedia schreibt:

Notes on Nationalism is an essay completed in May 1945 by George Orwell.

Nationalism is the name that Orwell gives to the propensity of »identifying oneself with a single nation or other unit, placing it beyond good and evil and recognizing no other duty than that of advancing its interests«. Its occurrence is visible throughout history, and it is prevalent. Nationalism is defined as alignment to a political entity, but can also encompass a religion, race, ideology or any other abstract idea. Examples of such forms of nationalism given by Orwell included Communism, political Catholicism, Zionism, anti-Semitism, Trotskyism and Pacifism.

Orwell additionally argues that his definition of »nationalism« is not equal to the notion, held by himself and most other people, of »patriotism«: »Patriotism is of its nature defensive ... Nationalism, on the other hand, is inseparable from the desire for power.« Orwell explains that he uses the expression »nationalism« for lack of a better alternative, to label the concept that he describes in his essay.

Orwell argues that nationalism largely influences the thoughts and actions of people, even in such everyday tasks as decision-making and reasoning.

Orwell würde heute wahrscheinlich auch den Begriff Ideologien verwenden und dazu aufrufen, auf Kommunismus, politischen Katholizismus, Zionismus, Antisemitismus, Trotzkismus und Pazifismus zu verzichten und den Aussagen in diesem Buch zustimmen.

Sobald der Nationalismus einen ideologischen Charakter bekommt, kann er früher oder später zu Kriegen führen.

Es bringt aber nichts, Nationalismus durch Sozialismus zu ersetzen. Man soll den Teufel nicht durch Beelzebub austreiben.

# Islam

Der Islam gilt in Europa noch als **respektable Religion**.
Das Fundament des Islam ist der Koran.
Im Koran gibt es aber mehr als hundert Stellen, die man so auslegen kann, dass sie unter gewissen Umständen zu **Gewalt** gegen Juden, Christen oder Andersgläubigen auffordern. Die Islamisten berufen sich auf diese Stellen.
Meiner Meinung nach kann man den Islam nicht als respektable Religion anschauen und gleichzeitig die Islamisten verurteilen, denn sie berufen sich auf den Koran und der Koran ist das Fundament des Islam.

Die Mohammedaner weisen mit Recht darauf hin, dass es auch in der Bibel Stellen gibt, die man so auslegen kann, dass sie unter Umständen zu Gewalt gegen Andersgläubige aufrufen. Wäre es nicht an der Zeit, dass Christen, Juden und Mohammedaner erklären, welche Stellen in ihren heiligen Büchern nicht mehr wörtlich genommen werden dürfen? Es sollten vor allem Stellen erwähnt werden, die sich mit der Gewalt befassen.

Wir sollten eine klare Sprache sprechen. Allah sollte beim Übersetzen aus dem Arabischen nicht mit Gott übersetzt werden. **Gott ist Gott und Allah ist Allah.**

Siehe auch Abschnitt: *Kritische Betrachtung der Menschenrechte.*

# Wird die Welt besser/schlechter ohne Ideologien und Religionen?

Die grössten Katastrophen auf dieser Welt werden durch Gewalt ausgelöst. Jeder, der die Ansichten einer Ideologie oder Religion vertritt, ist mitverantwortlich dafür, dass im Namen seiner Weltanschauung keine Gewalttaten verübt werden.

Jeder Muslim muss gegenüber Gleichgesinnten und Andersgläubigen klarstellen, dass er gegen die Jihadisten ist. Jeder Jude muss gegen das Verschieben der Grenzen von Israel Stellung nehmen.
Jeder Christ muss eingestehen, dass im Namen seines Glaubens furchtbare Verbrechen begangen wurden. Jeder Christ muss sich bewusst sein, dass die Bibelstellen, die die **Homosexualität** verurteilen, für Homosexuelle riesige Probleme – bis hin zu Verfolgungen – verursachen. Jeder Katholik muss sich von der ablehnenden Haltung der katholischen Kirche und der Caritas gegenüber der Familienplanung in den Entwicklungsländern distanzieren, denn dies führt zu Hunger, Elend und Gewalt.

Jeder Sozialdemokrat sollte sich vom Klassenkampf distanzieren. Denn Kampf führt zu Unfrieden. **Die Sozialdemokraten müssen sich klar von gewalttätigen linksextremen Gruppierungen distanzieren.**
**Alle Parteien rechts von der Mitte müssen sich klar von rechtsextremen Gruppierungen abgrenzen,** damit sich die Gräueltaten der Nazis nicht mehr wiederholen können.

Es ist sicher unbestritten, dass alle Ideologien und Religionen schon Ursprung von Gewalttaten waren.

**A b e r** werden die Menschen ohne Religionen und Ideologien nicht zu Egoisten? Verfallen nicht die Sitten? Wird die soziale Ungerechtigkeit nicht noch grösser? Seit den sechziger Jahren nahm der Einfluss der Kirchen stark ab. Aber die Statistik zeigt, dass z. B. die Diebstähle bei der einheimischen Bevölkerung nicht zugenommen haben.

Auch die Religionslosen bemühen sich bei den Arbeitskollegen und im Freundeskreis gut anzukommen. In einem spannungsfreien Umfeld realisieren die meisten Menschen, dass ihnen der eigene **Egoismus** meistens schadet. Wir lieben weiterhin unseren Nächsten, weil wir auch von unseren Mitmenschen geliebt werden wollen und nicht, weil uns ein **Moralkodex** das vorschreibt. Die Scheidungen haben zugenommen, aber war es früher besser, als man in der Ehe widerwillig ausharrte? Ich vermute, dass anteilsmässig die einvernehmlichen Scheidungen zugenommen haben.

Wer sich offen zum christlichen Glauben bekennt, muss sich bewusst sein, dass sein Lebenswandel kritisch von seinen Mitmenschen beurteilt wird. Wenn die Diskrepanz gross ist, wird er zu Recht als **Scheinheiliger** bezeichnet. Trauriges Beispiel sind die katholischen Priester, die sich an Kindern vergehen. Die katholischen und die evangelischen Kirchen verlieren viele Mitglieder. Die Anzahl der Konfessionslosen hat stark zugenommen.

Nur noch wenige Katholiken und Protestanten sind davon überzeugt, dass ihr Glaube allein seligmachend ist. Dadurch verlieren ihre Kirchen einerseits an Stosskraft und Schwung, anderseits führt ihr Glaube nicht mehr zu Konflikten. Katholiken und Protestanten leben heute konfliktfrei miteinander und mit Andersgläubigen.

Alle Kirchen profitieren davon, dass sich der Mensch in der Gemeinschaft von Gleichgesinnten wohlfühlt. Das Gleiche gilt auch für Clubs aller Art, aber auch für Parteien und politische Gruppierungen.

Die meisten Europäer werden zustimmen, dass die Welt mit weniger starken Religionsgemeinschaften nicht schlechter geworden ist. Aber kann man jetzt in Analogie folgern, dass die Welt ohne Sozialismus auch nicht schlechter wird? Oder gilt die Befürchtung der Linken, dass ohne **Klassenkampf** die Schwächeren in unserer Gesellschaft verlieren werden? Die Schweiz ist ein Land, in dem die Löhne der Geringverdiener so hoch wie kaum in einem anderen Land sind, obwohl der Klassenkampf weniger bedeutend war als in den meisten anderen Ländern. Die funktionierende Sozialpartnerschaft ist ein Markenzeichen des schweizerischen Erfolgsmodells.

So wie die Religionslosen einsehen, dass ihnen der eigene Egoismus meistens schadet, so können auch **ideologiefreie** Politiker einsehen, dass es allen besser geht, wenn es auch den Geringverdienern gut geht.

# Frieden

Alle wollen Frieden.
Stimmt leider nicht!

**Für Ideologen aller Art ist die eigene Wahrheit wichtiger
als der Frieden.**
Nach Marx wird es erst Frieden geben, wenn der Kommunismus die Weltherrschaft errungen hat.

Welches Verhalten empfiehlt die Bibel? Im Neuen Testament steht: *Da sprach Jesus zu ihm: Steck dein **Schwert** an seinen Ort, denn wer das Schwert nimmt, der soll durch das Schwert umkommen.*
*Ich aber sage euch, dass ihr nicht widerstreben sollt dem Übel; sondern, **so dir jemand einen Streich gibt auf deinen rechten Backen, dem biete den andern auch dar.***
Das Neue Testament rät zu sehr defensivem Verhalten. Die Verfasser des Neuen Testaments wollten aber sicher nicht, dass ihr Glaube zur staatstragenden Religion wird. Später wurden im Namen des christlichen Glaubens viele Kriege geführt und furchtbare Gräueltaten verübt.

In der Vorgeschichte und noch im letzten Jahrhundert bekämpften sich die Stämme der Urvölker fast andauernd. Wenn ein Stamm friedlich sein wollte, wurde er von den Nachbarstämmen überrannt. Jeder Stamm musste sich gut bewaffnen und das Kriegshandwerk üben. Aus diesen Übungen wurden dann rasch kriegerische Auseinandersetzungen. Im antiken Griechenland galt der Krieg als

Normalzustand in den Beziehungen zwischen den griechischen Poleis. Entsprechend wurden Friedenszeiten meist mit Begriffen wie spondai umschrieben, die in etwa die Bedeutung von Waffenstillstand hatten (Wikipedia).

Im Mittelalter war es für die Feudalherren fast **Ehrensache** ihr Territorium durch Kriege zu vergrössern. In Nordamerika führten Kriege zwischen den Einwanderern und den Indianern zur Unterwerfung, Vertreibung oder Ausrottung eines grossen Teils der indianischen Urbevölkerung. Aber es gab auch häufig kriegerische Auseinandersetzungen zwischen den indianischen Stämmen.

Heute wird der Frieden immer wieder gebrochen, wenn Staaten versuchen, ihre Einheit mit Waffengewalt zu erhalten.

Dass **allein-seligmachende Religionen** zu Kriegen führen, beweist der Islam in den letzten Jahren. Und der christlich geprägte Westen versuchte seine Wertvorstellungen mit Waffengewalt in Vietnam, im Irak, in Libyen und in Syrien durchzusetzen, mit katastrophalen Folgen.

Solange Menschen sich mehr von Emotionen als von der Vernunft leiten lassen, verursachen sie riesiges Elend.

Ich schlage vor, dass unsere Geschichtsbücher umgeschrieben werden. Alexander der »Grosse«, Karl der »Grosse« und Napoleon müssen von ihren Podesten geholt werden (nur im übertragenen Sinn) und es muss hervorgehoben werden, dass sie für den Tod von Millionen Menschen verantwortlich waren.

Vorbildlich waren z. B. Gandhi, Nelson Mandela und alle, die für den friedlichen Wandel der DDR 1989 verantwortlich waren.

# Pazifismus

Der strikte Pazifismus steht für absolute Gewaltfreiheit und weist ideologische Züge auf.
Über den Pazifismus wird heute nur noch wenig gesprochen, denn es hat in der jüngeren Vergangenheit Konflikte gegeben, bei denen sich herausstellte, dass der strikte Pazifismus eine absurde Ideologie ist.

Aber ich finde, wir sollten einen **moderaten Pazifismus** wieder ins Gespräch bringen. Zur Waffe sollte wirklich nur gegriffen werden, wenn es keine anderen Möglichkeiten gibt. Es war falsch, im Irak, in Libyen und in Syrien einzugreifen!

In den letzten Jahren ist es hauptsächlich aus zwei Gründen zu kriegerischen Auseinandersetzungen gekommen: Um die Einheit der Staaten zu erhalten, werden Minderheiten ohne Autonomierechte mit Waffengewalt im Zentralstaat gehalten. **Wie viele Tote ist die Einheit eines Staates wert?** Es sollte zu einem Gewohnheitsrecht werden, dass alle Minderheiten darüber abstimmen dürfen, wie viele Autonomierechte sie beanspruchen möchten.
In den letzten zweitausend Jahren haben immer wieder Ideologien und Religionen zu katastrophalen Kriegen geführt.

# Kritische Betrachtung der Menschenrechte

Das erste schriftliche Dokument, das sich mit den Menschenrechten befasste, entstand schon sehr früh. 539 v. Chr.
eroberte Kyros Babylon. Er befreite die Sklaven, erklärte,
dass alle Menschen das Recht haben, ihre eigene Religion zu wählen und stellte Rassengleichheit her. Diese und
andere Erlasse wurden auf einem gebrannten Tonzylinder
in akkadischer Sprache mit Keilschrift aufgezeichnet.

1215 entstand in England die Magna Carta und 1628 die
Petition of Rights. Diese Dokumente sollten den einzelnen
Menschen vor der willkürlichen Macht der Herrschenden
schützen.
1787 kam die Verfassung der USA, 1789 die Französische
Erklärung der Menschen- und Bürgerrechte und 1791 die
US Bill of Rights.
1948 wurde die Allgemeine Erklärung der Menschenrechte
von den Vereinten Nationen verabschiedet. Diese 30 Artikel der Menschenrechte sind sicher ein bedeutender Schritt
hin zu einer besseren und menschlicheren Welt.

Aber sind die Menschenrechte, wie sie im oben erwähnten
Dokument festgehalten sind, für alle Zeiten und universell
gültig? Oder darf man sie auch kritisch betrachten? Sind
sie in Stein gemeisselt und so sakrosankt wie die Gesetzes-
tafeln, die Moses auf dem Berg Sinai erhielt? Ich glaube,
die Menschenrechte können geändert und angepasst werden. Das Gleiche gilt für das Völkerrecht und die Genfer
Flüchtlingskonvention.

Wir schütteln den Kopf, wenn wir hören, dass viele Bürger der USA glauben, der Besitz und das Tragen von Waffen sei ein Menschenrecht.

Es gibt aber auch Rechte, die bei den 30 Artikeln fehlen. Es gibt keinen Artikel, der die **körperliche Unversehrtheit** garantiert. Es gibt keinen Artikel, aus dem man ableiten kann, dass die Beschneidung von Mädchen verboten ist. Wenn man die Beschneidung von Mädchen offiziell ächten würde, dann müsste man sich auch mit der Frage beschäftigen, ob die Beschneidung der Knaben toleriert werden kann und man müsste die körperliche Unversehrtheit als allgemeingültiges Menschenrecht erklären.
Die Verfasser der Menschenrechte kuschen vor den Religionen und Ideologien. Als Realist muss man aber wohl zur Einsicht kommen, dass die Vertreter der Religionen noch zu stark sind und dass sie bei einer Auseinandersetzung die Unterstützung von linken Ideologen bekommen würden.

Gibt es ein Recht auf Familienplanung?
In der Proklamation von Teheran wurde 1968 von der Internationalen Konferenz über Menschenrechte ein Passus aufgenommen, der besagt, dass jedem Paar das Grundrecht zugestanden werden solle, **frei über die Anzahl der Kinder zu entscheiden.** Man würde annehmen, dass sich alle vernünftigen Menschen für dieses Menschenrecht einsetzen. Aber wieder einmal haben ideologisch geprägte Menschen (Katholiken und Linksgrüne) Probleme mit diesem Menschenrecht, von dem bei dessen Durchsetzung alle Menschen auf dieser Welt nur profitieren könnten.

Jedes Jahr sterben etwa 8.8 Millionen Menschen, hauptsächlich Kinder, an Hunger, was einem Todesfall alle 3 Sekunden entspricht. Aber die Gutmenschen wollen sich Zeit lassen und setzen darauf, dass mit vermehrter Schulbildung die Kinderzahl sinken wird.

Der fehlende Zugang zur Familienplanung führt Schätzungen zufolge zu jährlich 63 Millionen ungewollten Schwangerschaften und zu 40 Millionen Schwangerschaftsabbrüchen, welche in Entwicklungsländern ein oft lebensbedrohendes Risiko für die betroffenen Frauen bedeuten können, da sie nicht medizinisch fachgerecht durchgeführt werden.

Sind die Menschenrechte universell gültig? Dürfen wir Verstösse gegen die Menschenrechte in anderen Kulturen kritisieren? Erdrücken wir die Eigenart fremder Kulturen und handelt es sich um **abendländischen Kulturimperialismus**, fragt sich Otfried Höffe. Die koloniale Expansion Europas hat weite Teile der Welt politisch, wirtschaftlich und vor allem kulturell tief verletzt.

Wir haben ein stark **individualistisches Menschenbild**. In anderen Kulturen ist das Kollektiv wichtiger als das Individuum. In solchen Gesellschaften steht die Gruppe als Gesamtheit im Vordergrund und ist wichtiger als die Selbstverwirklichung der Gruppenmitglieder. In solchen Gesellschaften haben die Menschenrechte folgerichtig weniger Bedeutung und es ist schwieriger, Demokratien einzuführen. **Kollektivistisch ausgeprägte Gesellschaften** sind meist Diktaturen und für Diktatoren sind die Menschenrechte ein Hindernis bei deren Machtausübung.

Viele Länder sind noch nicht reif für die Demokratie. Die Menschenrechte lassen sich aber nur in Demokratien durchsetzen. Wenn wir solchen Ländern die Menschenrechtsidee aufzwingen, destabilisieren wir diese Länder. Es ist blauäugig, in Diktaturen alle Menschenrechte einfordern zu wollen. Haben nicht auch alle Gesellschaften ein Recht auf Nichteinmischung? Hat sich die Einmischung des Westens im Irak, in Libyen und Syrien für die dort lebende Bevölkerung gelohnt?

Otfried Höffe findet, dass im interkulturellen Diskurs eine argumentativ begründbare ethische Universalie gefunden werden muss.

Die Religionsfreiheit ist ein Menschenrecht. Werden alle Religionen durch die Menschenrechte geschützt? **Ist Scientology eine Religion?** Diese Frage wird nicht in allen Ländern gleich beantwortet. Wenn ja, ist Scientology eine schutz- und förderwürdige Religion?
Ist der **Islam** eine schutz- und förderwürdige Religion? Sicher praktizieren die meisten Muslime eine Religion, die von den meisten Menschen respektiert wird. Aber im Koran gibt es mehr als hundert Stellen, die man so auslegen kann, dass sie unter gewissen Umständen zu **Gewalt** gegen Juden, Christen oder Andersgläubigen auffordern. Die Islamisten berufen sich auf diese Stellen.

Ist der Inhalt des Korans mit *den Zielen und Grundsätzen der Vereinten Nationen vereinbar?* Artikel 14 der Allgemeinen Erklärung der Menschenrechte nimmt obige, kursiv

gedruckte Formulierung als Voraussetzung für Handlun-
gen von Asylbewerbern.

Artikel 18 und 19 garantieren das Recht auf freie Meinungs-
äusserung, ohne zu erklären, ob dabei gewisse Grundsätze
eingehalten werden müssen. Dürfen sich auch links- und
rechtsextreme Gruppierungen, die Ideologien verbreiten,
die den Frieden gefährden oder zu Gewalt aufrufen, auf
Artikel 18 und 19 berufen?

## Aussenpolitik

Politiker, die die rosarote Weltanschauung (siehe *Sozialismus*) vertreten, treten für eine Ideologie ein und wie alle Ideologen haben sie einen Missionseifer. Der Missionseifer führt dazu, dass sie mit erhobenem Zeigefinger auf andere Personen zugehen.

Diese **Gutmenschen** wollen alle Diktaturen in den Entwicklungs- und Schwellenländern entfernen, koste es, was es wolle. In Syrien hat man versucht, den schlechten Menschen Assad zu stürzen. Dadurch sind eine halbe Million Menschen für nichts und wieder nichts gestorben und mehrere Millionen Syrer mussten fliehen. Im Nahen Osten haben wir nichts zu suchen. Wir sind Ungläubige! Wenn wir eingreifen, werden wir als Kreuzritter angesehen.

Länder, die noch nicht bereit für die Demokratie sind (z. B. Russland, Türkei, China) werden mit Verachtung bestraft, statt sie zu ermutigen, sich mit kleinen Schritten auf eine Demokratie hin zu bewegen.

Wir dürfen unser Verständnis von Demokratie und Menschenrechten nicht mit Gewalt in der ganzen Welt verbreiten, denn damit stiften wir viel Unheil und helfen der dort lebenden Bevölkerung nicht.

## Asylpolitik

Zwischen dem Sozialismus und der Wirtschaft herrscht eine **unheilige Allianz** in der Frage der freien Zuwanderung. Die Sozialdemokraten und die Rotgrünen wollen aus ideologischen Gründen offene Grenzen und die Wirtschaftsmanager möchten eine möglichst hohe Zuwanderung. Den Wirtschaftsmanagern ist es egal, wenn dabei die Löhne der Mitarbeiter sinken und **den Sozialdemokraten und den Rotgrünen ist letztlich ihre Ideologie wichtiger als das Wohl der Angestellten.**

2018 sind mehr als 2000 Asylsuchende im Mittelmeer ertrunken. Ein unhaltbarer Zustand. Wie kann das verhindert werden? Wir könnten die Flüchtlinge mit Grossraumflugzeugen oder alten Kreuzfahrtschiffen in Libyen und dem Libanon abholen. Wenn aber Europa seine Grenzen öffnen würde, kämen pro Jahr mehrere Millionen von Armutsflüchtlingen nach Europa.

Wer den Zustrom von Flüchtlingen begrenzen will, dem rufen Gutmenschen mit erhobenem Zeigfinger zu: »Schämt euch.« Niemand möchte als Gutmensch bezeichnet werden, aber auch nicht als Unmensch. Was ist die richtige Einstellung? Ich glaube, wir sollten uns mehr von der Vernunft leiten lassen. Sicher haben auch Gefühle einen wichtigen Platz in unserem Leben, aber **die Vernunft sollte in der Politik immer die Oberhand behalten.** Politiker, die sich von der Vernunft leiten lassen, müssen rosarote Politiker, Lobbyisten der Wirtschaft und Gutmenschen-Politiker ausbremsen.

Welche Aussage ist populistischer?

- Ich bin gegen den Bau von Mauern und ich bin dagegen, dass wir uns abschotten.

- Wir müssen realistisch sein und notfalls unsere Grenzen verstärken.

# Die Rosinenpicker

Die Briten und die Schweizer werden als Rosinenpicker bezeichnet.

Ich liebe Europa, aber ich habe Probleme mit der EU in der heutigen Form. Viele Anhänger der EU beharren auf der Untrennbarkeit der vier Freiheiten. Die unbeschränkte Personenfreizügigkeit darf nicht herausgebrochen werden. Wer es versucht, wird als Rosinenpicker bezeichnet. In Twitter findet man häufig die Aussage: *Rosinenpicker braucht Europa nicht!* Aus ökonomischer Sicht spricht aber nichts für die Untrennbarkeit der vier europäischen Freiheiten. Anders wäre es z. B., wenn ein Land die Güterfreiheit möchte, ohne sich auch zu verpflichten, die Vereinbarungen betreffend Umweltschutz einzuhalten.

Wenn ein Land die **Personenfreizügigkeit** einschränken könnte, hätten die anderen Mitgliedsländer keinen wirtschaftlichen Nachteil. Die EU-Euphoriker wollen die vier Freiheiten mit Zwang durchsetzen. Was für ein Widerspruch!

Die Idee vom vereinten Europa wird häufig mit ideologischem Eifer vertreten. Aber sollten nicht gerade die Deutschen wissen, dass zu viel Eifer in der Politik zu grossen Katastrophen führen kann? Ist Eifer für etwas Gutes immer gut? Nein, es gilt: ***Das Gegenteil von gut ist gut gemeint.***
Wäre nicht mehr Rücksicht auf die Bedürfnisse anderer Länder angebracht? Dogmatische Sturheit und Besserwis-

serei wird die EU zerstören! Mit mehr Flexibilität wäre es nicht zum Brexit gekommen!

Nach dem Abgang von Jean-Claude Junker, der von vielen als arrogant empfunden wurde, hat die EU mit Ursula van der Leyen ein **menschlicheres Gesicht** bekommen.

# Der Tanz um das goldene Kalb

Sonderbare Beziehungsdramen spielen sich gegenwärtig in Europa ab. Die Ausgangslage in der Schweiz und in Grossbritannien ist zwar eine andere, doch zeigen sich erstaunliche Parallelen. In beiden Ländern wollen grosse Teile der Bevölkerung nicht von Brüssel aus verwaltet werden.

Für die EU hat das Durchsetzen ihrer Ideologie Priorität, wie es den EU-Bürgern geht, ist zweitrangig. Die EU ist ein Projekt von Gutmenschen, die wenig Rücksicht auf Nichtmitglieder nehmen.

Die EU hat ein Demokratiedefizit! Wie wäre das Resultat, wenn alle EU-Bürger in einer Abstimmung gefragt würden, ob sie sich die EU als Staatenbund oder als Bundesstaat wünschen? Die EU hat schlechte Erfahrung mit der direkten Demokratie in Grossbritannien gemacht. Es wird sich in Brüssel die Meinung verfestigen, dass dem Stimmvolk nicht zu trauen ist. Die Beziehung zwischen der EU und der direkten Demokratie ist voll von Irritationen.

Die Grundidee des Binnenmarktes stösst in ganz Europa auf breite Zustimmung. Aber die uneingeschränkte Personenfreizügigkeit entzweit Europa. Die Forderung der EU, nur nach ihren Spielregeln zu spielen, scheint **für souveräne Nationen, die sich nicht fragen müssen, ob sie eine Mitschuld am Ausbruch der beiden Weltkriege haben, eine Zumutung zu sein.**

Ländern, denen die Untrennbarkeit der vier europäischen Freiheiten nicht einleuchtet, wird mit dem Ausschluss aus dem Binnenmarkt gedroht. Die EU tritt als Monopolist für den europäischen Markt auf, zeigt dabei aber keine Spur von Gewissensbissen. Für mich wieder ein Beispiel dafür, dass Menschen, die dogmatisch eine »gute« Idee vertreten, viel Unheil anrichten.

Wenn Grossbritannien und die Schweiz sich dem Diktat der EU nicht fügen, müssen sie mit dem Ausschluss aus dem Gemeinsamen Markt rechnen. Es kann sein, dass dann für einige Zeit der Wohlstand in beiden Ländern weniger rasch wächst. Beide Länder wissen nicht, mit welchen »Strafmassnahmen« von Brüssel sie rechnen müssen, aber da auch der innereuropäische Handel von WTO-Regeln bestimmt wird, werden die Auswirkungen kleiner sein, als von den EU-Anhängern behauptet wird.

Ist es das höchste aller Ziele, unseren Wohlstand zu optimieren? Lohnt sich der Tanz ums goldene Kalb? Gibt es nicht höhere Werte als die Höhe des Wirtschaftswachstums? Sollten die Politiker nicht dafür eintreten, dass die Bevölkerung nach eigenen Regeln leben kann und nicht **fremdbestimmt** wird?

Langfristig wird aber auch der Wohlstand höher sein, wenn wir nicht mit starrem Blick das goldene Kalb fixieren. Wollen wir uns die Planung des Berliner Flughafens, den starren französischen Zentralismus oder das italienische Chaos als Vorbild nehmen? Gehört die Schweiz nicht zu den erfolgreichsten europäischen Nationen?

# Direkte Demokratie

Kann in der repräsentativen Demokratie der Bürger indirekt genügend Stellung nehmen zu Sachfragen? Wenn er z. B. die EU stärken will, kann er die entsprechenden Politiker wählen. Aber wen soll in Deutschland ein Stimmbürger wählen, wenn er z. B. für die Abschaffung von Hartz IV, gegen die Abtreibung und für mehr Restriktionen bei der Einwanderung ist?

Die Behauptung, in einer repräsentativen Demokratie könne der Stimmbürger genügend seinen Willen kundtun, ist völlig abwegig.

Nur wenige Länder sind reif für die direkte Demokratie. **Die direkte Demokratie ist die höchste und anspruchsvollste Staatsform.**

Wir unterscheiden:
Kombination von direkter und repräsentativer Demokratie
Repräsentative Demokratie
Demokratie mit eingeschränkten Wahlen
Demokratie mit Scheinwahlen
Diktatur ohne Wahlen

Es wird argumentiert, dass viele Bürger bei Abstimmungen über Sachthemen überfordert sind. Das mag sein, aber erfahrungsgemäss richten sich viele Bürger nach den Parolen der Parteien. Dadurch sind die Parteien und die Medien gefordert, sie müssen den Leuten genau erklären, wie sie in einer Sachfrage die Probleme lösen wollen. Die

Bürger sind dadurch besser informiert und können dann nicht sagen, dass die Politiker ohnehin machen was sie wollen. Abstimmungen zu Sachfragen sind das beste Mittel gegen Politikverdrossenheit.

Von den Gegnern der direkten Demokratie wird häufig die Minarettverbotsinitiative in der Schweiz angeführt. Hier habe sich eine Mehrheit über die Rechte einer Minderheit hinweggesetzt. Die Mohammedaner können sich aber weiterhin überall treffen und auch weiterhin Moscheen bauen. Ob das Minarettverbot gut oder schlecht ist, wird man erst in 20 oder 50 Jahren beurteilen können. Das Kopftuchverbot, das unter gewissen Umständen in einigen europäischen Ländern gilt, ist auch eine Beschränkung der Rechte von religiösen Minderheiten.
Und auch das Rauchverbot in der Gastronomie, das 2010 in Bayern durch einen **Volksentscheid** eingeführt wurde, schränkt die Rechte einer Minderheit ein.

Mehr als 10 Jahre lang kam es in Deutschland durch die Anti-AKW-Bewegung zu Grossdemonstrationen, gewaltsamen Ausschreitungen, Blockaden und Prügeleien mit der Polizei. Wenn die AKW-Gegner eine Initiative für den Ausstieg aus der Atomenergie hätten lancieren können, wäre dieser Konflikt wohl friedlich gelöst worden. Konflikte werden auf der Strasse ausgetragen, wenn für politisch aktive Gruppierungen nicht die Möglichkeit besteht, sich auf direktdemokratischem Weg Gehör zu verschaffen.

Die EU hat ein Demokratiedefizit. Mit mehr demokratischer Beteiligung der Bürger wären viele Fehlentwicklungen der EU vermieden worden. Griechenland wäre sicher nicht in der Eurozone aufgenommen worden. Die Einführung des Euro war von euphorischen und ehrgeizigen Politikern forciert worden. **Das Volk entscheidet pragmatischer.**

Ohne Zustimmung der Bürger in allen europäischen Ländern sollten keine bedeutsamen völkerrechtlichen Verträge geschlossen werden. Die Mitglieder des Europäischen Parlaments vertreten nicht wirklich die Bürger, von denen sie gewählt wurden, denn es lassen sich meist nur Politiker aufstellen, die von der EU in der heutigen Form überzeugt sind. EU-Skeptiker werden sich kaum für diesen Posten in Brüssel entscheiden.

# Die Bürger sind wichtiger als die Wirtschaft

Es ist eine Binsenwahrheit:
Bei Arbeitskräftemangel bringt Zuwanderung nichts! Für
den Zuwanderer braucht es wieder mehr Verkäuferinnen
im Lebensmittelgeschäft, mehr Ärzte, mehr Maurer für
neue Häuser usw.

Diese Tatsache wird von den wirtschaftsfreundlichen Zeitungen (in der Schweiz z. B. die NZZ) unterdrückt und
die rosaroten, linkslastigen Zeitungen (in Deutschland z.
B. die Tageszeitung (taz)) erwähnen diese Binsenwahrheit
nicht, weil sie aus ideologischen Gründen die Grenzen für
Zuwanderer ganz öffnen möchten.

Zuwanderung bringt der Wirtschaft viel. **Die Firmen möchten wachsen und eine möglichst grosse Auswahl an billi-
gen Arbeitskräften haben.**
Die Bürger möchten sichere Arbeitsplätze und gut bezahl-
te Arbeit haben. Die Bürger möchten vermeiden, dass
wegen der Zuwanderung die Infrastruktur überlastet und
ihre Naherholungsgebiete zubetoniert werden. In der kleinen Schweiz werden jährlich 29 km2 verbaut, was der Fläche des Brienzer-Sees entspricht. Die Wohnbevölkerung
der Schweiz betrug 1960 5 Millionen, heute 8.5 Millionen.
Jetzt sind wir zu verdichtetem Bauen gezwungen.

Die **Lobbyisten der Wirtschaft** behaupten, dass bei einge-
schränkter Zuwanderung Arbeitsplätze ins Ausland aus-
gelagert werden (Aspekt A). Dies kann nicht ganz ausge-
schlossen werden. Die Lobbyisten verschweigen aber den

ganz naheliegenden Aspekt (Aspekt B), dass bei Arbeitskräftemangel die Arbeitslosigkeit sinkt und die Löhne steigen. Nun stellt sich die Frage: Welcher Aspekt wird überwiegen?

Ich glaube, dass bei **vernünftiger Steuerung der Zuwanderung** die Wirtschaft gut gedeiht und das Verbauen der Landschaft reduziert werden kann. Die Wirtschaft schürt aus Eigeninteresse die Angst, dass Arbeitsplätze verloren gehen können. Aber warum weisen die Linken nicht darauf hin, dass es auch einen zweiten Aspekt gibt?
Hier gibt es eine unheilige Allianz zwischen der Wirtschaft und den sozialistisch denkenden Politikern. Erst in den letzten Monaten haben die Gewerkschaften diese unheilige Allianz verlassen. Sie wurden sich endlich bewusst, dass sie nicht die urbanen, gut verdienenden Linkswähler, sondern die Geringverdiener vertreten, die trotz aller Rhetorik wissen, dass ihre Löhne wegen den Zuwanderern weniger steigen.

In den Medien findet man häufig folgenden Titel: **Wirtschaft profitiert von Zuwanderung** und es wird unausgesprochen suggeriert, dass es damit automatisch auch den Bürgern besser geht. Aber Wirtschaftswachstum in der Schweiz senkt unseren Wohlfühlfaktor und unsere **Lebensqualität**. Die Firmen sollen in ihren Auslandsniederlassungen wachsen, damit kann bei gesteuerter Zuwanderung die Arbeitslosigkeit in der Schweiz weiter sinken und die Löhne steigen, ohne dass die Firmen auf Wachstum verzichten müssen.

Neben der Wirtschaft und den Linken gibt es noch eine **dritte Kraft**, die für eine Welt ohne Grenzen ist. Wegen Pogromen mussten die Juden immer wieder fliehen und waren darauf angewiesen, in anderen Ländern aufgenommen zu werden. Viele einflussreichen Juden setzten sich für eine Welt ohne Grenzen und für offene Gesellschaften ein. Der wohl bekannteste und umstrittenste ist George Soros.

# Das Problem mit den Gutmenschen

Der Duden nahm den Begriff Gutmensch im Jahr 2000 auf.

Ist ein Gutmensch ein guter Mensch? Oder gilt: Gut gemeint ist das Gegenteil von gut und gut gemeint ist nicht gut gemacht?

Man kann die Ansicht vertreten, dass der Begriff Gutmensch häufig polemisch gebraucht wird. 2015 wurde das Wort Gutmensch in Deutschland als »Unwort des Jahres« bestimmt.

**Jeder Mensch** (mich eingeschlossen), der höhere Ziele anstrebt, **rutscht immer mal wieder in die Rolle des Gutmenschen.** Aber der Einfluss von Gutmenschen kann verheerende Folgen haben, wie z. B. der Krieg in Syrien zeigt.

Früher gab es den **Rechtgläubigen**, der sich auch als besserer Mensch fühlte als seine Mitmenschen. Der Rechtgläubige stellt sich über die Papierchristen. Noch negativer besetzt ist der Begriff **Pharisäer**. Der Gutmensch, der Rechtgläubige und der Pharisäer, alle fühlen sich moralisch überlegen.

Haben die Gutmenschen eine Ideologie? Gibt es die Gutmensch-Ideologie? Die meisten Gutmenschen positionieren sich links von der Mitte. Sie haben eine rosarote Weltanschauung. Der Schweizer Politiker Blocher prägte den Begriff »die Linken und die Netten«. Die Netten sind meist religiös geprägt.

Die Gutmenschen wollen alle Diktaturen in den Entwicklungs- und Schwellenländern entfernen, koste es, was es wolle. In Syrien hat man versucht, den schlechten Menschen Assad zu stürzen. Dadurch sind eine halbe Million Menschen für nichts und wieder nichts gestorben und mehrere Millionen Syrer mussten fliehen. Sicher, Assad ist ein brutaler Diktator, aber kann ein Land im Nahen Osten unter Einhaltung der Menschenrechte regiert werden?

**Was würde geschehen**, wenn man einen Gutmenschen mit allen Vollmachten als Regierungschef in Syrien einsetzen würde?

Auch in der Entwicklungshilfe können Gutmenschen einen negativen Einfluss haben. Mit dem Verteilen von getragenen Textilien in Afrika wird das dort ansässige Textilhandwerk zerstört. Wegen dem Verteilen von Lebensmitteln können Bauern nicht mehr vom Verkauf ihrer Produkte leben. Kleider- und Lebensmittelsendungen sind nur in Katastrophengebieten sinnvoll. Dies leuchtet aber Gutmenschen nicht ein, weil sie häufig vom **Helfersyndrom** vereinnahmt sind. Nur Hilfe zur Selbsthilfe bringt die Menschen in Entwicklungsländern weiter.

Gutmenschen wehren sich dagegen, dass wir in den Entwicklungsländern die **freiwillige Familienplanung** unterstützen, weil man uns rassistische Motive unterstellen könnte. Sicher besteht diese Gefahr, aber das darf kein Grund sein, die Familienplanung zu einem Tabuthema zu machen. Dadurch fördert man Hungersnöte und die

Verwahrlosung von Kindern, die von ihren Eltern auf die Strasse geschickt werden, weil sie ihre grosse Kinderschar nicht mehr ernähren können. Ich möchte gerne Gutmenschen-Paare nach Afrika verpflanzen und sehen, wie sie mit den dort vorhandenen Möglichkeiten 4–6 Kinder ernähren und sie bekämen keinen Zugang zu **Empfängnisverhütungsmitteln**!

Mehr als 3 Millionen Kinder sterben jedes Jahr an den Folgen von Unterernährung und Hunger. Diese Zahl wäre deutlich kleiner, wenn wir allen Frauen die freiwillige Familienplanung ermöglichen würden.

Nun ein Blick auf die USA: Warum wurde Trump gewählt? Die Wähler der USA hatten genug von Obama, dem Trump vorwarf, dass ihm die Political Correctness wichtiger war als das Wohl des amerikanischen Volkes.
Trump war der Anti-Gutmensch.

# Flüchtlinge

Wir Menschen sind Individuen, die sich in der Welt zurechtfinden müssen. Wir sind aber auch soziale Wesen, die Halt und Bestätigung in der Gesellschaft suchen. Von Natur aus sind wir so gemacht, dass wir Halt und Bestätigung suchen bei Gleichgesinnten oder bei Menschen, die uns möglichst ähnlich sind. Bei Menschen anderer Hautfarbe oder anderer Lebensweisen fühlen wir uns erst wohl, wenn wir festgestellt haben, dass sie ähnlich ticken. Menschen mit der rosaroten Weltanschauung und Gutmenschen werden das von sich weisen und behaupten, dass sie dieses »Urgefühl« nicht haben. Ich bin aber überzeugt, dass alle Menschen dieses Urgefühl haben, aber es fällt nicht allen Menschen gleich leicht, dieses Urgefühl zu überspielen. Es darf auch nicht als Entschuldigung dienen, sich nur mit Gleichartigen oder Gleichgesinnten zu umgeben und alle Andersartigen zu deklassieren.

**Das Flüchtlingsproblem kann uns innerlich zerreissen.** Wir sehen das Elend, in dem ein grosser Teil der Menschen in dieser Welt lebt, aber auch wenn wir viele aufnehmen, können wir nur einen kleinen Bruchteil der Menschen, die in unser Land kommen möchten, aufnehmen.
Die Eingliederung eines Flüchtlings oder eines Migranten kostet sehr viel Geld. **Mit diesem Geld könnte man 20–100 Menschen im Nahen Osten oder in Afrika helfen.**

Den Flüchtlingsstrom kann man mittelfristig nicht durch Entwicklungshilfe reduzieren! Im Gegenteil, durch vermehrte Entwicklungshilfe haben noch mehr Menschen

Zugang zu einem Fernsehgerät, wo sie sehen, in welchen »paradiesischen Zuständen« wir leben und immer mehr Menschen bringen 3'000 bis 10'000 Euro auf, die sie den Schleppern (Fluchthelfern?) für die Flucht nach Europa bezahlen müssen. Flüchtlinge, die bis jetzt aus Afrika kommen, kommen aus Nord- und Ostafrika. In Zukunft werden auch Flüchtlinge aus Zentralafrika kommen z. B. aus der Republik Kongo oder der Zentralafrikanischen Republik, wo die Bevölkerung exponentiell wächst. Abgesehen davon bin ich natürlich auch der Ansicht, dass die Entwicklungshilfe sehr wichtig ist, vor allem wenn es Hilfe zur Selbsthilfe ist.

Mit dem Gutmenschen-Denken unterstützen wir oft die falschen Menschen. Wenn wir uns von unseren Gefühlen leiten lassen, bringen wir Krisenländern noch grössere Probleme. Mit unserem Asylrecht fördern wir Unruhen und Konflikte in den Drittweltländern! Wenn sie in ein Drittweltland reisen und dort von einem jungen Mann gefragt werden: Was muss ich tun, damit ich sicher in Europa Asyl bekomme? Dann müssten sie ihm doch sagen, dass er so gegen die Regierung opponieren muss, dass er für einige Wochen im Gefängnis landet. Anschliessend ist er ein **politisch Verfolgter** und bekommt fast sicher Asyl.

Für die Asylbehörden in Europa ist es nicht relevant, aus welchen Gründen er verfolgt wird. Er kann als Sunnit Gewalt gegen Schiiten verübt haben oder er kann als Schiit Gewalt gegen Sunniten verübt haben, er kann als IS-Kämpfer an Massenerschiessungen teilgenommen haben,

wenn er das nicht erwähnt und er aussagt, er sei an Leib
und Leben bedroht, so bekommt er Asyl.

Junge Männer sollten nicht aus Krisengebieten fliehen,
sondern sich für friedliche Lösungen in ihren Ländern einsetzen und dann beim Wiederaufbau ihres Landes helfen.
Man kann es als leere Behauptung anschauen, aber ich
glaube, ich würde mein Land, wenn es in einer Krise wäre,
nicht als Flüchtling verlassen.

# Kampf der Weltanschauungen

Gewinnen die Gutmenschen den Kampf?

Im 16. und 17. Jahrhundert gab es den Kampf der katholischen Weltanschauung gegen die evangelische.
Im 19. Jahrhundert entstanden die Ideologien Sozialismus und Kommunismus. Marx lancierte den Klassenkampf. Die linken und die rechten Weltanschauungen stehen bis heute in einem Kampf. Es wird darum gerungen, welche Anschauung besser für das Land, die Wirtschaft und alle Schichten der Bevölkerung ist.

In der zweiten Hälfte des 20. Jahrhunderts gab es immer weniger eine Kluft zwischen den Arbeitern und den Fabrikbesitzern. Es gibt immer mehr kleine Betriebe und die Arbeitnehmer sind oft weniger einfache Arbeiter, sondern haben anspruchsvollere Berufe. Gibt es noch die Auseinandersetzungen zwischen den Linken und den Rechten? In den sozialdemokratischen Parteien gibt es immer mehr Intellektuelle. Die klassischen Links-rechts- Auseinandersetzungen verlieren an Bedeutung. Die neuen Auseinandersetzungen finden zwischen Gutmenschen, Realisten und Populisten statt:

Katholiken—Protestanten
Linke—Rechte
Gutmenschen—Realisten—Populisten

Populisten gibt es bei den linken und den rechten Parteien. Der Begriff »Realisten« ist auch schwer zu fassen. Er ist vielleicht mit dem Begriff »Vernunftmenschen« gleichzusetzen. Für die Linken ist der Begriff »Gutmensch« eine sarkastische, gehässige oder verachtend gemeinte Verunglimpfung von Einzelpersonen oder Gruppen.

In den sozialen Medien wehren sich die Gutmenschen gegen die Verwendung dieses Begriffes, ich habe aber kein weniger negatives Synonym gefunden. Vielleicht **vorwiegend emotional gesteuerte Personen«** oder **»Gutmeinende«?**

Die negativen Einflüsse der Gutmenschen bei der Entwicklungshilfe, der Aussenpolitik (z. B. der blutige Versuch, Assad zu entfernen) und bei der Familienplanung habe ich im Abschnitt *Das Problem mit den Gutmenschen* beschrieben. Aber auch bei der Flüchtlingsproblematik ist der Einfluss der Gutmenschen prekär. Sicher, niemand hat hier die Wunderlösung, aber **die Willkommenskultur von Kanzlerin Merkel ist sicher ein Paradebeispiel für den negativen Einfluss der Gutmenschen in der Politik.**

Auch die Einführung des Euro wurde vom Gutmenschen-Denken geprägt. Kein aufrichtiger Mensch kann behaupten, dass die Einführung des Euro zur rechten Zeit und im richtigen Umfang geschah. Die Realisten hätten der Einführung des Euro sicher nicht zugestimmt und schon gar nicht die Populisten. Aber mit den rechtsextremen Populisten würde die europäische Wirtschaft wohl auch nicht besser gedeihen.

Haben Gutmenschen eine Gutmenschen-Ideologie? Ich glaube schon und wie allen Ideologen fällt es den Gutmenschen schwer, Fehler zuzugeben. Sie geben noch immer nicht zu, dass die Einführung des Euro ein Fehler war. Und sie geben nicht zu, dass sie noch vor Kurzem die Meinung vertraten, dass es mit Assad keinen Frieden geben kann.

**Je mehr Einfluss die Gutmenschen haben, desto stärker werden die Populisten!** Die tausendfach wiederholten moralisierenden Ermahnungen der Gutmenschen treiben die Leute in die Arme der Populisten. Ihr Gutmenschen, stellt euch mal vor, ihr müsstet euch ständig die frommen Sprüche von missionierenden Christen anhören.

Wir brauchen gute Menschen, aber keine Gutmenschen!

# Für das scheinbar Gute kämpfen –
# Das Robin-Hood-Syndrom

Wenn ein Urmensch von einem Feind überrascht wurde, schüttete sein Körper Adrenalin aus. Das Herz schlug schneller, die Atmung wurde beschleunigt und der Blutdruck stieg. Der Mensch war im Modus »**ready for fight or flight**« bereit für Kampf oder Flucht. Wenn sich der Mensch für den Kampf entschied, gab ihm die Erregung riesige Kräfte und konnte zu Enthemmung führen, die ihn befähigte, den Feind zu schlagen.

Die Veranlagung (Disposition, Trieb) gegen Feinde mit grossem Engagement kämpfen zu können, sitzt tief in uns drin und war überlebensnotwendig. Wenn in einem Stamm der Wille zu kämpfen schwach war, ging er unter. Wir leben im 21. Jahrhundert, aber die Veranlagung, gegen Feinde zu kämpfen, ist immer noch voll entwickelt.

Im Abschnitt *Frieden* beschrieb ich, wie in den letzten 3000 Jahren fast dauernd Kriege geführt wurden. Weltweit 20 Kriege und 385 Konflikte hat das Heidelberger Institut für Internationale Konfliktforschung im Jahr 2017 gezählt. Die meisten Menschen wollen jetzt Frieden.
Es gilt aber auch:
***Es kann der Frömmste nicht in Frieden leben, wenn es dem bösen Nachbarn nicht gefällt.*** Ab wann muss ein Staat, der völlig defensiv eingestellt ist, bei einem Konflikt sagen: **So weit und nicht weiter?**
Um dies konkret an einem aktuellen Konflikt zu veranschaulichen, eignet sich der Konflikt des Westens (USA/

Westeuropa) mit Russland besonders gut. 1989 war die westliche Grenze der DDR die Grenze zwischen der NATO und der Sowjetunion. 2004 traten die baltischen Staaten, Slowenien, die Slowakei, Rumänien und Bulgarien der NATO bei, damit rückte die Grenze der NATO nahe an die Grenze Russlands heran. Aber es ging 2008 noch weiter. Jack Matlock, ehemaliger Botschafter in Moskau, äusserte sich folgendermassen: *2008 entschloss die NATO, die Ukraine auf eine Spur zur Mitgliedschaft zu setzen. Ein in seinem Innern tief gespaltenes Land, direkt vor Russlands Tür.*

Im September 2008 trafen die Ukraine und die EU eine Vereinbarung für ein Assoziierungsabkommen. Dies weckte **Ängste** in Russland. Es begann, Rebellen im Donbass zu unterstützen, dessen Bevölkerung überwiegend russlandfreundlich war. Und Russland annektierte die Krim. Mit welchen Argumenten kann Russland diesen Schritt rechtfertigen? Auf der Krim liegt Sewastopol, der wichtigste Hafen der russischen Marine am Schwarzen Meer. Die Krim wurde erst 1954 durch Beschluss des Obersten Sowjets der UdSSR der Ukraine zugeordnet. Bei Wahlen 1994 ging hervor, dass die Mehrheit der Krimbewohner russlandfreundlich ist. Die Wahlen von 2014 (nach der Annexion) wurden nur von Russland als gültig erklärt.

**Um den Frieden zu sichern, sollte man sich immer bemühen** (oder es zumindest versuchen), **die Sichtweise des Feindes zu verstehen.**

Was würde unter umgekehrten Vorzeichen geschehen, wenn Russland versuchen würde, eine militärische Allianz mit Kanada und Mexiko zu organisieren? Die USA reagierten mit Recht heftig, als Russland mit Kuba unter Fidel Castro eine Militärallianz abschloss.

Die Rüstungsausgaben aller 29 NATO-Staaten beliefen sich 2018 auf rund 963 Milliarden Dollar. Russland rüstet (auch wegen der Krise) ab und gab 61 Milliarden für Rüstung aus. Kann Russland angesichts solcher Zahlen wirklich gefährlich sein?
Ist es gerechtfertigt, wieder mit dem **Kalten Krieg** zu beginnen?
Die Menschen haben, seit sie Waffen tragen konnten, immer Kriege geführt. Muss es im 21. Jahrhundert so weitergehen? Oder gilt: Wer keine Feinde hat, sucht sich welche? Oder: Wer nicht für uns ist, ist gegen uns?

Russland ist sich bewusst, dass es dem westlichen Waffenarsenal nichts Ebenbürtiges entgegensetzen kann. Aus militärischer Logik ist es so verständlich, dass Russland wieder mit der atomaren Aufrüstung beginnt. Wollen wir in einem unter unglücklichen Umständen ausgelösten atomaren Krieg sterben? Wäre es nicht besser, sich wieder in einer **friedlichen Koexistenz** zu arrangieren? Die osteuropäischen Staaten befürchten, dass Russland nochmals versuchen könnte, die dort lebenden russischen Minderheiten zu »beschützen«. Könnte man nicht in einer Konferenz offen über solche Befürchtungen sprechen und Russland das Versprechen abringen, in Zukunft keine Grenzen mehr zu verschieben?
Man kann einwenden, dass russische Agenten Regimekritiker umbringen. Wir können das nicht hinnehmen. Aber

erreichen wir mit Wirtschaftssanktionen und dem Kalten Krieg wirklich etwas? Wir haben nur eines erreicht: Es wird wieder aufgerüstet.

Die Veranlagung, mit grossem Engagement gegen Feinde kämpfen zu können/wollen, ist nicht bei allen Menschen gleich stark ausgeprägt. Wer heute diesem »Trieb« folgen will, kann Gewalt-Computerspiele spielen, einem Fussball-Fanclub beitreten oder sich einer links- oder rechtsextremen Gruppierung anschliessen.
**Ob friedlich oder militant, wichtig ist der Widerstand.** Dieser Spruch wurde von einer linksextremen Bewegung geäussert, könnte aber auch von einer rechtsextremen Gruppierung stammen.

Aus der Bereitschaft, gegen Feinde zu kämpfen, entwickelte sich **die Veranlagung, auch gegen das Böse kämpfen zu können.**
Linke Organisationen vermitteln ihren Anhänger die Überzeugung, dass sie gegen das Böse (den Kapitalismus) kämpfen und sich damit für das Gute einsetzen. Das ist für Jugendliche sehr verlockend und viele verfallen dem Robin-Hood-Syndrom.

Die bürgerlichen Jungparteien haben es da viel schwieriger. Sie müssen sich bemühen den besten Weg zu finden, auf dem die Marktwirtschaft gedeihen und gleichzeitig möglichst viele soziale Komponenten eingebaut werden können. In einer Gruppierung, in der alle die gleiche Weltanschauung vertreten, fühlen sich die Gruppenmitglieder geborgen. Das **Wir-Gefühl** trägt zu einem positiven Lebensgefühl bei. Alle sind gleichgeschaltet und können geeint gegen Andersdenkende kämpfen. Häufig wird übersehen, dass das Gute für das gekämpft wird, nur vermeintlich gut ist und oft haben solche Engagements katastrophale Folgen. Beispiele beschrieb ich im Abschnitt *Das Problem mit den Gutmenschen*.

# Waren alle Kriege sinnlos?

Gab es Kriege, die rückblickend als gerechtfertigt bezeichnet werden können oder die einen »Fortschritt« brachten? Oder waren alle Kriege sinnlos? Macht es überhaupt Sinn, sich diese Frage zu stellen?

Jean Amery schrieb: ***Man soll und darf die Vergangenheit nicht auf sich beruhen lassen, weil sie sonst auferstehen und zu neuer Gegenwart werden könnte.***

Betrachten wir zuerst die Kriege im Irak. 1990 überfiel der Irak Kuwait. Einige Monate später begann eine Koalition, angeführt von den USA mit Kampfhandlungen zur Befreiung Kuwaits. Nach einigen Tagen war Kuwait befreit und die irakischen Truppen wurden vernichtend geschlagen. 2003 wurde unter der Führung der USA wieder ein Krieg gegen den Irak begonnen. Die USA verdächtigten den damaligen Diktator im Irak, Saddam Hussein, Massenvernichtungswaffen zu besitzen. Sie stürzten Saddam Hussein und hatten zum Ziel, eine demokratische Regierung an die Macht zu bringen. Die Befreiung Kuwaits durch die Armeen der Koalition war unzweifelhaft ein gerechtfertigter und erfolgreicher Einsatz.
Im Gegensatz dazu, muss der Einmarsch in den Irak, der den **Sturz des Diktators Saddam Husseins** zur Folge hatte, als grosses Desaster bezeichnet werden. Der Vorwurf, Saddam Hussein entwickle Massenvernichtungswaffen, erwies sich als falsch. Es ist wahr, dass er den Terrorismus unterstützte und sein Volk unterdrückte. Aber dür-

fen solche Vorwürfe in Zukunft ein militärisches Eingreifen legitimieren? Der Einmarsch in den Irak forderte unter der irakischen Zivilbevölkerung viele Todesopfer und nach Kriegsende kam es zu bürgerkriegsähnlichen Zuständen und zu tausenden Terroranschlägen, was die Ausbreitung des **Islamischen Staates** begünstigte.

Die Absicht, nach dem Krieg eine demokratische Regierung an die Macht zu bringen, war völlig illusorisch! Es bleibt zu hoffen, dass sich endlich die Einsicht durchsetzt, dass sich demokratische Regierungen nur in Ländern installieren lassen, in denen das Volk reif dazu ist.

Hatte man daraus gelernt?

Die Auseinandersetzungen in Syrien begannen 2011 mit friedlichen Demonstrationen, die bald zu bewaffneten Auseinandersetzungen mit dem autoritären Regime Assad wurden. Eine Vielzahl bewaffneter Gruppen rangen um die Macht, die auch ausländische Interessen vertraten. Die Heterogenität des syrischen Staates und der syrischen Gesellschaft führt zu einem grossen Konfliktpotenzial. Die Sunniten bilden die Mehrheit der Bevölkerung. Zu den religiösen Minderheiten gehören Schiiten (Alawiten, Drusen), Jesiden und Christen. Präsident Baschar al-Assad gehört zu den Alawiten. Die meisten Rebellen waren Sunniten, die sich von Assad unterdrückt fühlten.

Ab November 2012 unterstützte der Geheimdienst CIA – durch verdeckte Operationen – Rebellen massiv mit Waffen (Wikipedia: Bürgerkrieg in Syrien seit 2011).

Ab Juli 2013 wurden »gemässigte« Rebellen durch die Administration Obama offen mit Waffen unterstützt. Der

»Islamische Staat« profitierte vom Chaos in Syrien und eroberte rasch grosse Gebiete von Syrien und konnte erst durch den Einsatz von Kampfflugzeugen der USA und Russland wieder zurückgedrängt werden. Durch den Krieg verloren eine halbe Million Syrer ihr Leben und mehr als 5 Millionen flohen ins Ausland.

Warum wurde dem syrischen Volk dieses Elend zugefügt? Die Rebellen, die Administration Obama und viele europäische Länder wollten den Despoten Assad stürzen. Sie wurden von den meisten namhaften Zeitungen in den USA und Europa moralisch unterstützt. Die meisten Zeitungen vertraten die Ansicht, dass es mit Assad keinen Frieden geben werde. Sicher, Assad ist ein Diktator, der sich nur mit brutaler Gewalt an der Macht halten kann, **aber was ist die Alternative?** In dem mehrheitlich muslimischen Syrien herrscht eine Kultur, in der die Gewalt allgegenwärtig ist und schon immer war. Die Konflikte zwischen Sunniten und Schiiten sind nicht neu. Schon 18 Jahre nach dem Tod von Mohammed trugen die Sunniten und Schiiten ihre Streitigkeiten in blutigen Schlachten aus. Ich glaube nicht, dass der Westen in Syrien einen funktionierenden Staat aufbauen kann.

Auch der **gewaltsame Sturz von Gaddafi in Libyen** war nicht von Erfolg gekrönt. Die oben beschriebenen Einsätze von Armeen aus dem Westen wurden alle in fremden Kulturkreisen durchgeführt.

Die Konflikte in **Jugoslawien** fanden in unserem Kulturkreis statt und ein militärisches Eingreifen sollte daher

eher erfolgreich sein. Die Intervention der NATO im Kosovo
ist ohne den Massenmord von Srebrenica, vier Jahre zuvor,
nicht zu erklären. In der westlichen Öffentlichkeit fühlte
man sich schuldig, weil man in Srebrenica nicht einge-
griffen hatte. 1999 hatte der Konflikt zwischen Serben
und den aufständischen Kosovo-Albanern ein Ausmass
erreicht, dass die Öffentlichkeit nicht mehr zuschauen
konnte. Mit dem Eingriff der NATO wollte man die zivile
Bevölkerung im Kosovo schützen. Die NATO war davon
ausgegangen, dass ein paar harte Luftangriffe gegen militärische Ziele ausreichen würden, die Serben zum Einlen-
ken zu bewegen. Die Serben lenkten aber erst ein, nachdem auch die zivile Infrastruktur ins Visier genommen
wurde, was zum Tod von etwa 500 Zivilisten führte.
Die Intervention führte letztlich zur noch umstrittenen
Unabhängigkeit des Kosovo, wo jetzt aber die Waffen
ruhen.

Gibt es noch mehr Kriege oder Interventionen, die man
heute als Erfolg werten kann? Es gibt eine Website »Kriege
der Menschheit«, in der mehr als 400 Kriege aufgelis-
tet sind. Die meisten Kriege beschäftigen uns heute nicht
mehr oder wir können schwer nachvollziehen, warum sich
damals die Menschen die Köpfe eingeschlagen haben.
Aber über den **Sezessionskrieg in den USA** machen wir
uns auch heute noch häufig Gedanken. Im Internet gibt es
unzählige Beiträge und es wurden sicher hunderte Bücher
über den Sezessionskrieg geschrieben. Aber **die wenigsten
stellen sich die Frage, ob dieser Krieg notwendig war** oder
was geschehen wäre, wenn er nicht ausgetragen worden

wäre. Als der als Sklavereigegner geltende Abraham Lincoln zum Präsidenten gewählt wurde, sagte sich der Süden los und verkündete die Konföderierten Staaten von Amerika. Lincoln konnte die Aufkündigung der staatlichen Einheit nicht hinnehmen und so begann 1861 der Sezessionskrieg.

Die Frankfurter Allgemeine schrieb 2015: Doch erst mit dem Krieg war der Aufstieg Amerikas zur Weltmacht möglich. Der Konflikt revolutionierte die Wirtschaft des Nordens. Ich möchte bezweifeln, dass die Wirtschaft des Nordens ohne den Krieg nicht auch stark geworden wäre und wenn schon, war es wert, dass 620'000 Menschen, zwei Prozent der amerikanischen Bevölkerung starben?
In meinem Post *Pazifismus* vom November 2017 schrieb ich: *In den letzten Jahren ist es hauptsächlich aus zwei Gründen zu kriegerischen Auseinandersetzungen gekommen:*
*Um die Einheit der Staaten zu erhalten, werden Minderheiten ohne Autonomierechte mit Waffengewalt im Zentralstaat gehalten. Wie viel Tote sind die Einheit eines Staates wert? Es sollte zu einem Gewohnheitsrecht werden, dass alle Minderheiten darüber abstimmen dürfen, wie viel Autonomierechte sie beanspruchen möchten.*
*In den letzten zweitausend Jahren haben immer wieder Ideologien und Religionen zu katastrophalen Kriegen geführt.*

Ich glaube, dass die Konföderierten Staaten und die Nordstaaten nach einigen Jahrzehnten auch ohne diesen brutalen Krieg wieder zusammengefunden hätten und dass die menschenverachtende Sklaverei auch in den Südstaaten abgeschafft worden wäre. Die Bürger der Nordstaaten, die mit Waffengewalt die Südstaaten massregeln wollten, haben es sicher gut gemeint, aber ...

Man kann sich fragen, ob es angebracht ist, dass man als Europäer die Geschichte der USA interpretiert. **Die Bewertung des Sezessionskrieges der USA hat aber auch heute noch Auswirkungen auf die ganze Welt.** Denn wenn man die Ansicht vertritt, dass Lincoln in die Südstaaten einmarschieren musste, um die Sklaverei zu beenden und um die Union zu erhalten, dann wird man auch heute die Ansicht vertreten, dass man mit Waffengewalt Regierungen stürzen muss, die die Menschenrechte verletzen.

# Aggressionen

Im Internet können Videoclips von Games gefunden werden, in denen man selbst als Amokläufer dutzende von Personen niederschiessen kann.
Zum Beispiel diese Anleitung zu einem Game:
https://www.youtube.com/watch?v=W9dhKky110k
(oder bei Google eingeben: youtube gta 50 headshots)
… shooting people on the head … all you are doing here is driving around from place to place in the town finding people on the street … you know … you are stopping, point your gun on the head, then getting the head free shot …
er schiesst, der Mann sackt zusammen … you know … you drive around, you have not to leave the car, you can shoot him from inside the car … er schiesst, der Mann fällt zu Boden … it may be easier …
Man kann auch Polizisten erschiessen, so viele Fussgänger wie möglich zu Matsch fahren, in Grossaufnahmen mit einer grosskalibrigen Waffe auf den Bauch eines Opfers schiessen, sodass die Gedärme herausspritzen …
Aber es gibt Psychologen, die in »wissenschaftlichen« Studien zum Schluss kommen, dass *Violent video game engagement is not associated with adolescents' aggressive behaviour*[1]
Der obenstehende Link führt zu einer oft zitierten Studie der University of Oxford. Diese Studie mag sich wissenschaftlich nennen, aber sie erfüllt nicht ansatzweise die Anforderungen, die an naturwissenschaftliche oder medizinische Studien gestellt werden.

---

[1] https://royalsocietypublishing.org/doi/10.1098/rsos.171474#d3e2748

**Wahrscheinlich ist es in diesem Bereich gar nicht möglich, mit Menschen wissenschaftlich korrekte Studien durchzuführen.** Für Pharmazeutika braucht es randomisierte placebokontrollierte Doppelblindstudien. Randomisiert war diese Studie nicht ansatzweise, denn es wurden 1000 14- und 15-jährige Jugendliche gewählt, die sich selbst meldeten und damit mit grosser Wahrscheinlichkeit schon stark von gewaltverherrlichenden Games geprägt waren. Es fehlen 500 Jugendliche, die bis anhin kaum Zugang zu solchen Games hatten, die aber von Eltern schwerlich die Bewilligung erhalten hätten, in diesem Versuch sich stundenlang gewaltverherrlichenden Videos auszusetzen. Die Jugendlichen hatten sicher auch die Tendenz, die Fragen so zu beantworten, dass sie weiterhin alle Games spielen dürfen, **womit jede Wissenschaftlichkeit verloren geht.**

Es braucht solche Studien auch gar nicht, denn der gesunde Menschenverstand sagt doch jedem (ausser einigen Psychologen), dass gewalthaltige Spiele aggressive Gedanken verstärken und die **Empathiefähigkeit reduzieren.** Es gibt eine gut organisierte und mächtige Game-Industrie. Es ist naiv anzunehmen, dass diese Organisationen nicht versuchen, solche Untersuchungen zu finanzieren.
Die Zigarettenindustrie finanzierte bis in die 80er Jahre Studien über die (Un)schädlichkeit des Rauchens und finanzierte (verdeckt) Artikel, in denen die Nichtraucher zu **Toleranz gegenüber den Rauchern** aufgefordert wurden. Und es wirkte, denn niemand wollte intolerant sein.

Die Gamer wollen sich die **gewaltverherrlichenden Games** nicht nehmen lassen und wehren sich: *Und wenn man*

Wenn man über Aggressionen nachdenkt, kommt man
fast unweigerlich auf die blutigen Gladiatorenkämpfe der
Römer. Als Kaiser Trajan seinen Triumph über die Daker
feierte, sollen die »Spiele« 123 Tage gedauert haben. 10.000
Kämpfer und 11.000 exotische Tiere sorgten dafür, dass
sich der Boden des Kolosseums rot färbte. Die Massenabschlachtungen standen danach für die Vernichtung aller
Feinde und die Gladiatorenkämpfe für Tapferkeit und Todesmut der Legionen. Rom brauchte Legionäre mit einem
grossen Aggressionspotenzial.

Die Spiele dauerten meistens einen ganzen Tag, der sich
in drei Teile gliederte. Am Anfang standen Tierhetzen auf
dem Programm. Das war eine ziemlich bunte Sache, ging
es doch darum, dem Publikum eine Vorstellung von der
Welt zu geben, die Rom beherrschte. Bei einem einzigen
Spiel von Kaiser Nero sollen 400 Bären und 300 Löwen
getötet worden sein. Die Massenabschlachtungen um die
Mittagszeit, in der verurteilte Verbrecher und Kriegsge-
fangene sich zu Hunderten umbrachten, standen für die
Vernichtung aller Feinde, während die Gladiatorenkämpfe
zum Abend hin Tapferkeit und Todesmut der Römer und
ihrer Legionen repräsentierten. War einer von ihnen tot,
war das Duell zu Ende. Wenn ein Gladiator verletzt am
Boden lag, kam die Entscheidung über Leben und Tod

des Unterlegenen. *Töte ihn* oder *begnadige ihn* waren die Sprechchöre, mit denen die Zuschauer mit dem Ausrichter der Spiele in einen regelrechten Dialog eintraten. Und der war wohl gut beraten, sich dem Urteil der Masse anzuschliessen.

Bei 3D-Videospielen wird alles immer realistischer. Sie stellen immerhin noch nicht die Wirklichkeit dar wie die Gladiatorenkämpfe der Römer. Die zuschauenden Römer konnten *töte ihn* rufen, aber sie konnten selbst nicht töten. **Bei den Games finde ich es unheimlich, dass man nicht zuschaut, wie andere Menschen getötet werden, nein man tötet virtuell aktiv, indem man abdrückt!**

Sogar Donald Trump ist gegen gewaltverherrlichende Games. Er sagte:
*We must stop the glorification of violence in our society. This includes the gruesome and grisly video games that are now commonplace. It is too easy today for troubled youth to surround themselves with a culture that celebrates violence. We must stop or substantially reduce this, and it has to begin immediately. Cultural change is hard, but each of us can choose to build a culture that celebrates the inherent worth and dignity of every human life.*

Wenn eine Frau sich in einen jungen Mann verliebt, der gewaltverherrlichende Games spielt, muss sie sich nicht wundern, wenn sie später von ihrem Freund oder Mann geschlagen wird.

Wer in einer Gruppe lebt, welche Gewalt befürwortet, oder wer selbst Opfer von Gewalt geworden ist, wird selbst eher aggressiv. In Kulturen, in denen die Blutrache zum Gewohnheitsrecht gehört, müssen alle gedemütigten männlichen Mitglieder die Ehre wiedererlangen oder sie werden als minderwertig ausgegrenzt. Die meisten Menschen möchten in einer friedlichen Kultur leben. Wir müssen uns dafür einsetzen, dass Gewalt und Aggressionen abgelehnt werden. Das Dulden von aggressivem Verhalten – auch im alltäglichen Leben – muss missbilligt werden.

Im Strassenverkehr gibt es zu häufig aggressives Verhalten. Dichtes Auffahren und Drängeln gehört zum Alltag im Strassenverkehr. Beim Autofahren ist man, geschützt von einer blechernen Karosserie, anonym unterwegs. Wenn man sich in anderen Situationen nach vorne drängt, muss man sich in die Augen schauen. Wenn mir jemand auf wenige Meter auffährt, denke ich: *Ist der schwul, was will der von mir?* (Sorry, ich finde sonst Schwule sehr sympathisch.)

**40 % aller Unfälle sind Auffahrunfälle.** Einige Autofahrer haben das Bedürfnis, immer am Limit zu fahren. Wenn sie auf einen Fahrer stossen, der mit einer vernünftigen Geschwindigkeit fahren möchte, fahren sie eng auf, um zu zeigen, dass sie fähig sind, schneller zu fahren. Umfragen ergaben: Acht von zehn Personen wissen aus eigener Erfahrung, was es heisst, von anderen Verkehrsteilnehmern drangsaliert, eingeschüchtert und provoziert zu werden. Es kommt eine Hektik in den Verkehr und für die Mehrheit der Fahrer geht Lebensqualität verloren.

# Ohne Gutmenschen gäbe es keine Populisten

Welche Aussage trifft zu:
*Gut gemeint ist das Gegenteil von gut und gut gemeint ist nicht gut gemacht?*
*Der Begriff »Gutmensch« ist eine sarkastische, gehässige oder verachtend gemeinte Verunglimpfung von Einzelpersonen oder Gruppen.*

Man kann das Wort do-gooder als »emotionally loaded term« bezeichnen. Aber es gibt keinen Ersatz für do-gooder oder Gutmensch. **Alle Menschen übernehmen manchmal die Rolle des Gutmenschen.**

Menschen in Europa müssen sich eingestehen, dass wenn sie als Nigerianer auf die Welt gekommen wären, sie sich wahrscheinlich auch auf den Weg nach Europa machen würden und Menschen in den USA müssen sich eingestehen, dass sie als Honduraner auch versuchen würden, die Grenze zur USA zu überwinden.

Muss dieses Einfühlungsvermögen dazu führen, dass man allen Personen in den Entwicklungsländern das Recht zugesteht, in die USA oder Europa einzuwandern, auch wenn sich einige Millionen auf den Weg machen würden?

Gutmenschen würden sagen: Ja wir müssen, es werden schon nicht so viele kommen und wir schaffen das. Diese Einwanderung löst aber bei vielen ein mehr oder weniger **grosses Unbehagen** aus. (Mehr im Post *Flüchtlinge*).

Regierungen, die nicht auf dieses Unbehagen (»Ängste«) achten und auf die Menschenrechte und die Genfer Flüchtlingskonvention pochen, verlieren viele Stimmen an Populisten. Trump gewann 2016 die Wahlen in den USA, weil er versprach, eine Mauer an der Grenze zu Mexiko zu bauen.

**Das wichtigste Argument der Brexit-Befürworter war die Kündigung der Personenfreizügigkeit der EU.**

Die meisten Deutschen, die die AFD wählen, wollen kein Nazi-Regime, sie wählen eine Partei, die verspricht, die Einwanderung zu stoppen. Die Zuwanderungsproblematik befeuert die AFD. Wenn Deutschland ein geregeltes und restriktives Einwanderungsgesetz wie die USA, Australien oder Japan einführen würde, würde die AFD rasch zur unbedeutenden Partei.

Die Gutmenschen verhindern dies und stärken so die Populisten.

Eine **realistische, pragmatische Politik** ohne ideologische Scheuklappen würde die politische Lage in den USA und in Deutschland beruhigen. Man hätte dann Zeit und Kraft, um zu überlegen, wie man die Lage in den Krisenländern verbessern kann.

Die meisten Parteien links von der Mitte möchten aus ideologischen Gründen die Grenzen möglichst offen halten.

Die Parteien rechts von der Mitte sind sich nicht einig, wie weit sie die Grenzen offen halten wollen. Der Druck der

Migranten aus Süden hat sich erst in den letzten Jahrzehnten im Zuge der Globalisierung sehr verstärkt und wird sich weiter verstärken. Auch wenn sich die Lage in den Entwicklungsländern langsam verbessert, wird der Wohlstand in den Industrieländern durch IT und Automatisierung rascher wachsen und die Schere wird sich vermutlich weiter öffnen.

Die Migration wird auch in den nächsten 50 Jahren ein drängendes und heikles Problem bleiben!

# Grüne Fehlentwicklungen

**Plastik**

Riesige Mengen an Plastik verschmutzen die Meere. Dies muss gestoppt werden! Aber wie?

An den Stränden von Europa stammt der grösste Teil des angeschwemmten Plastiks von Schiffen. In den Häfen der EU-Staaten mussten bis jetzt alle Schiffe eine Abfallgebühr bezahlen. Sie erhalten dafür eine Freimenge. Wenn ein Schiff mehr Abfälle abliefern will, muss es eine zusätzliche Gebühr bezahlen. Dies führt natürlich zur Versuchung, den überschüssigen Abfall illegal im Meer zu entsorgen. Nach einem neuen Richtlinienvorschlag können die Schiffe Abfälle ohne Mengenbegrenzung abgeben. Die Häfen müssten dafür höhere fixe Gebühren verlangen und wehren sich dagegen, weil dies zu einem Wettbewerbsnachteil führen würde. Aber diese neuen Richtlinien müssen so rasch wie möglich in Kraft treten, wenn wir die Verschmutzung der Meere ernsthaft stoppen wollen.

Von dieser neuen Richtlinie habe ich erst einmal in den Medien erfahren. Stattdessen verbreiten die Medien dutzende Artikel, in denen der Einsatz von Plastiksäcken mit Gebühren belastet werden soll und suggerieren, dass wir damit etwas zur Reinhaltung der Meere beitragen. Ich vermute aber, dass in Europa kaum ein Promille dieser Plastiksäcke im Meer landet.

Dies ist reine S c h a u m s c h l ä g e r e i.

Für die Medien ist es nicht attraktiv, über Hafenauffangeinrichtungen für Schiffsabfälle zu berichten. Sie berichten lieber über Gesetze, die den Gebrauch von Kunststoff-artikeln beschränken und bedienen damit das bei jedem Menschen im emotionalen Bereich verankerte Spar- und Verzichtssyndrom.

Abgesehen davon bin ich natürlich auch dafür, dass sich jeder persönlich für den nachhaltigen Gebrauch unserer Ressourcen einsetzt.

**Brennholz**

Heizen mit Holz ist klimaneutral. Dies ist nur die halbe Wahrheit! Blätter, Äste und Baumstämme verrotten im Wald und bilden Humus. Der Humus seinerseits wird durch Bakterien langsam abgebaut (Mineralisation). In einem Naturwald bleibt die Humusschicht immer gleich hoch. Es besteht ein Gleichgewicht. Es wird gleich viel Humus aus neuer Biomasse gebildet, wie Humus durch **Mineralisation** abgebaut wird.

Wenn regelmässig Holz aus dem Wald entfernt wird, ent-steht ein neues Gleichgewicht, die Humusschicht wird dünner und der $CO_2$-Speicher Humus wird kleiner.

In der obersten Bodenschicht der Welt sind mehrere Tau-send Milliarden Tonnen Kohlenstoff gebunden, mehr als in der Erdatmosphäre und der gesamten Erdvegetation zusammen. Der Humus ist eine ganz wichtige **Kohlen-stoffsenke**, die heute auch durch intensive Landwirtschaft und Brandrodungen erheblich reduziert wird.

**Sonnenenergie**

Die Photovoltaik ist eine faszinierende Technologie, mit der fast unbeschränkt viel Energie gewonnen werden kann.

Die Nutzung der Sonnenenergie bringt aber vorläufig noch grosse Probleme mit sich. **In Zürich scheint die Sonne im Juli durchschnittlich 6.8 Stunden, im Januar aber nur 1.4 Stunden** (wetter.com). Im Januar ist der Energieverbrauch aber am grössten und im Juli am kleinsten.

Die Einspeisevergütung ist im Winter und Sommer die gleiche. Dies ist realitätsfremd! Die Einspeisevergütung muss im Winter höher sein als im Sommer!

Es braucht Kurz- und Langzeitspeicher. Vielversprechend sind Power-to-Gas-Anlagen, aber die so gespeicherte Energie wird heute immer noch viel zu teuer. Wenn der gewonnene Wasserstoff wieder in Strom verwandelt wird, beträgt der Gesamtwirkungsgrad nur 40 %.

### Klimaerwärmung

Der $CO_2$-Ausstoss muss reduziert werden.
Die $CO_2$-Emissionen in Tonnen pro Person und Jahr sind in den einzelnen Ländern sehr verschieden.

| | |
|---|---|
| Katar | 40.4 |
| USA | 16.5 |
| Deutschland | 9.4 |
| Indien | 1.6  (steigt rasch) |
| Republik Kongo | 0.5 |

Durch Konsumverzicht kann die $CO_2$-Emission pro Person reduziert werden.

Der weltweite $CO_2$-Ausstoss ist das Produkt aus dem $CO_2$-Ausstoss des einzelnen Menschen mal die Anzahl der

Menschen auf der Welt. Die Weltbevölkerungszahl ist demnach gleich wichtig wie die Emission pro Person. Diese Tatsache ist aber für die meisten Grünen ein Tabu.

Alle 12 Jahre wächst die Weltbevölkerung um 1 Milliarde Menschen. Es bringt langfristig wenig, wenn wir unseren Ausstoss von Treibhausgasen um ein Drittel reduzieren, wenn in der gleichen Zeit die Weltbevölkerung um ein Drittel zunimmt.

Die **Zunahme der Weltbevölkerung** sollte durch **freiwillige** Familienplanung verlangsamt werden. Greenpeace, der WWF und die meisten Naturschutzverbände verschweigen diese Zusammenhänge, man könnte ja als Rassist gelten. Die Verantwortlichen sind zu feige. Alle Ideologen und alle Religiösen haben Schwierigkeiten, sich mit dem Thema Bevölkerungswachstum zu befassen.

**Artensterben**

Experten schätzen, dass täglich zwischen 50 und 150 Arten unwiederbringlich von der Erde verschwinden. Ein grosser Teil der Tier- und Pflanzenarten wird in den nächsten Jahrzehnten verschwinden. Nur wenn man ideologische Scheuklappen trägt, sieht man nicht, dass die Hauptursache für das Artensterben das Bevölkerungswachstum ist.

# Vom Karnivoren zum Frutarier

Die Zahl der Vegetarier und Veganer nimmt stark zu.
Sie glauben, dass man Tiere nicht töten darf. Für Vegetarier und Veganer ist der Unterschied zwischen den Menschen und den Tieren klein.
Für Menschen, die Fleisch essen, ist der Unterschied zwischen den Menschen und Tieren so gross, dass sie ohne schlechtes Gewissen Fleisch essen.

Aber auch Vegetarier und Veganer töten Tiere. Wenn sie spazieren, treten sie unfreiwillig auf Ameisen und zum Anbau ihrer pflanzlichen Nahrung werden beim Bearbeiten der Äcker unzählig viele Würmer, Käfer und Mäuse zerdrückt und sterben einen qualvollen Tod.

Die meisten Menschen haben deutlich mehr Mitgefühl für Pferde, Rinder, Schafe und Kaninchen als für Hühner und Fische. Aber auch für Hühner und Fische empfinden wir mehr als für Insekten oder gar für das einzellige Pantoffeltierchen. Oder zögern wir nicht auch, wenn wir im Biologieunterricht ein Pantoffeltierchen töten müssen? Haben wir das Recht, für Pferde mehr zu empfinden als für Pantoffeltierchen? **Wir nehmen mehr Rücksicht auf Tiere, in denen wir eine Ähnlichkeit mit uns sehen** oder die sich ähnlich wie wir verhalten, wie zum Beispiel die Delphine.

Noch weiter gehen die Frutarier. Sie glauben, dass nicht nur Tiere, sondern auch Pflanzen ein Recht auf Leben haben. Frutarier streben eine Ernährung mit pflanzlichen

Produkten an, die nicht die Beschädigung der Pflanze zur Folge hat. Dazu gehören z. B. Obst, Nüsse und Samen. Das Holz für Möbel sollte nur von umgestürzten Bäumen stammen. Wenn ich im Garten einen Kopfsalat schneide, habe ich ein ungutes Gefühl. Der knackige Kopfsalat wollte eigentlich noch aufschiessen und Samenstände bilden. Der Strunk einer frisch gefällten Birke stösst grosse Mengen an Xylemsaft aus. Kann man das nicht mit Bluten oder Weinen vergleichen?

**Steve Jobs** war eine Zeit lang Frutarier. Er hatte Mitgefühl mit wachsenden Pflanzen. Konnte er sich deshalb so erfolgreich in uns IT-Laien hineindenken und deshalb als Erster ein benutzerfreundliches Handy entwickeln? Auch **Mahatma Gandhi** lebte fünf Jahre lang als Frutarier, bevor er wieder Vegetarier wurde.

Im Abschnitt *Pazifismus* schrieb ich, dass ich das Wiedererwachen eines moderaten Pazifismus begrüssen würde. Ich finde es schade, dass sich die Vegetarier und Veganer nicht auch in dieser Richtung äussern.

Für mich sind die Fleischesser und die Frutarier am konsequentesten. Die Vegetarier und die Veganer müssen sich viele Fragen gefallen lassen, die sie nur schwer beantworten können.
Veganer meiden das Karminrot, das häufig als Lebensmittelfarbstoff eingesetzt wird. Karmin ist ein aus **Cochenille-Schildläusen** gewonnener roter Farbstoff und ist damit ein tierisches Produkt. Aber was machen Veganer, wenn

ihre Rosen von **Blattläusen** befallen sind? Sie müssen ja
nicht zur Chemiekeule greifen. Man kann Marienkäfer
einsetzen, die heute im Fachhandel erhältlich sind. Ist dies
erlaubt, wenn man nicht zuschaut, wie die Marienkäfer die
Läuse verspeisen? Oder darf man Brennnesselsud einsetzen, mit dem die Blattläuse langsam sterben?

Vegetarier möchten nicht, dass ihretwegen Tiere leiden
müssen und getötet werden. Sie essen nur Milchprodukte,
Eier und pflanzliche Erzeugnisse. Bis jetzt dachte ich, dass
die Vegetarier ohne Probleme nach ihrem Grundsatz leben
können, bis ich bei meinen Recherchen auf die Webseite
animal-rights-switzerland.ch/milch stiess:
Jedes zweite Kälbchen ist männlich und müsste sofort
nach seiner Geburt getötet werden, wenn es keine Fleischesser geben würde. **Gerade einmal ein bis drei Tage
darf das frisch geborene Kälbchen mit seiner Mutter ver-
bringen**. Danach wird es der Mutterkuh entrissen, damit
es die produzierte Muttermilch nicht wegtrinkt. Schon
nach zehn Wochen werden die Kühe wieder künstlich
besamt. Kühe geben nach dem Kalbern am meisten Milch.
Würden sie nicht laufend Kälber gebären, würde die Milch-
leistung deutlich sinken. **Daraus folgt, dass die lacto-vega-
ne Ernährung nur dank den Fleischessern möglich ist.**

Vegetarier und Veganer möchten nicht, dass ihretwegen
Tiere getötet werden. Extreme Tierschützer bezeichnen
das Töten von Tieren als kriminellen Akt. Sie demolie-
ren Hochsitze, befreien Hühner und Schweine aus Tierfabriken, beschmieren Schaufenster von Metzgereien und

bedrohen Menschen, die sich ihnen entgegenstellen und verachten selbst moderate Tierschützer.

Richard David Precht schreibt in seinem Buch »Tiere Denken«: *... diese Abgrenzung markiert die eigene Identität und hält das Selbstwertgefühl und die Gruppensolidarität zusammen. ... eine intellektuelle Einsicht, der man kompromisslos folgt, oder die Lust daran, andere grundsätzlich schlechter zu finden als sich selbst.*

Dies sind meiner Ansicht nach alles Merkmale, die man auch bei allen anderen Ideologien und Religionen findet. Man findet diese Mechanismen bei den Jungsozialisten, bei den Neonazis und bei allen extremen religiösen Bewegungen.

In der Natur heisst es fressen und gefressen werden. Die Grillen werden von Mäusen gefressen, die Mäuse von Schlangen und die Schlangen werden vom Adler gefressen. **Die Natur ist brutal.**

Warum darf denn der Mensch nicht das Fleisch von Tieren essen? Tierschützer vertreten oft die Ansicht, dass der Unterschied zwischen den Tieren und den Menschen klein ist. Warum dürfen wir uns trotzdem nicht wie ein Glied in einer der Nahrungsketten verhalten? Der Unterschied Mensch-Tier muss also doch so gross sein, dass für uns völlig andere Regeln gelten!

Wir haben eine Verantwortung den Tieren gegenüber. Als ich geboren wurde, gab es 2.5 Milliarden Menschen, jetzt 7.8 Milliarden. Tausende Tierarten sind vom Aussterben bedroht. Der Mensch hat sich hemmungslos auf Kosten der Tiere vermehrt. Und immer noch gibt es Menschen, die sich gegen eine Förderung der freiwilligen Familienplanung auf der ganzen Welt wenden. Wir haben eine Verantwortung der Natur gegenüber, deshalb muss das Artensterben so rasch als möglich gestoppt werden und wir müssen auch das Leiden bei der Nutztierhaltung stoppen. Die Fläche, die einem einzelnen Huhn oder Schwein zugestanden wird, ist immer noch skandalös klein! Und viele Tierfabriken sind abstossend gross! Die meisten Konsumenten würden kaum mehr Fleisch essen, wenn sie Tierfabriken mit den minimalen und gesetzlich erlaubten Standards besuchen würden.

# Wir können die Klimaziele nicht einhalten

Wir können die Ziele des Pariser Klimaabkommens nicht einhalten!

Der weltweite CO2-Ausstoss ist das Produkt aus dem CO2-Ausstoss des einzelnen Menschen mal die Anzahl der Menschen auf der Welt.
2014 lancierte die Umweltschutzorganisation Ecopop[2] in der Schweiz die Volksinitiative *Stopp der Überbevölkerung – zur Sicherung der natürlichen Lebensgrundlagen*. Die Initiative forderte weltweit staatliche Mittel zur Förderung der freiwilligen Familienplanung.
Die von Ecopop im Ausland mit Verhütungsmitteln angestrebte Eindämmung des Bevölkerungswachstums geisselte Nationalrat Balthasar Glättli *(von den Grünen) als verächtliche, neokolonialistische Haltung* (NZZ). Der Leser wird sicher gemerkt haben, dass ich kein Freund von Parteien wie der Sozialdemokratischen Partei und der Grünen bin, die sozialistisches Gedankengut verbreiten. Aber hier geht es nicht um politischen Schlagabtausch. Es geht darum, herauszufinden, wie die Linken und die Grünen ihre ideologischen Scheuklappen ablegen können, damit auch sie mithelfen, die Weltbevölkerung in den nächsten 30 Jahren zu senken.
Wenn wir die f r e i w i l l i g e Familienplanung auf der ganzen Welt ermöglichen, erreichen wir zwei Ziele:

1. **Wir erleichtern das Zusammenleben von Frauen und Männern** in den Entwicklungsländern und verhindern

---

[2] www.ecopop.ch

tödliche Schwangerschaftsabbrüche. Mehr im Abschnitt *Selbstbestimmte Sexualität auch in Entwicklungsländern.*

2. Gleichzeitig helfen wir, die Klimaerwärmung zu mindern. Wir Menschen müssen wählen, ob wir mit **asketischer Lebensführung** die Klimaerwärmung stoppen möchten oder andere rationale Massnahmen ergreifen wollen.

A u c h in den industrialisierten Ländern sollten wir dafür werben, dass die Kinderzahl pro Frau auf 1,2–1,6 sinkt. (Bei 2,1 Kindern pro Frau bleibt die Bevölkerungszahl stabil). Ich bin der Ansicht, dass die Kinderzahl nicht unter 1,2 sinken sollte, denn es muss sichergestellt werden, dass die Altersvorsorge nicht gefährdet wird. Die fehlenden Beitragszahler für die Altersvorsorge können nur bedingt durch Eingewanderte ersetzt werden, da die Aufnahmebereitschaft und -fähigkeit der Einheimischen nicht überschätzt werden darf. Bei Kinderzahlen von 1.2–1,6 können einige Paare auch 3 Kinder haben, denn es gibt immer mehr Paare, die keine Kinder haben.

Aktuell leben 7,8 Milliarden Menschen auf der Welt. In den Industrieländern leben 1,4 Milliarden. In China, das schwer einzuordnen ist, leben auch 1,4 Milliarden. Somit leben annähernd 5 Milliarden Menschen in Schwellen- und Entwicklungsländern.
Der $CO_2$-Ausstoss nimmt in den Industrieländern langsam ab. China will in 10 Jahren auch so weit sein. Aber die entscheidende Frage wird sein, wie sich der $CO_2$-Ausstoss der Schwellen- und Entwicklungsländer entwickeln wird.

In den Medien gibt es bis zum Überdruss Beiträge über die Klimaerwärmung, aber keine Beiträge, die sich mit der obigen Frage beschäftigen.

In den Statistiken werden die Entwicklungsländer nur einzeln erfasst. Ich nehme Indien als »Modell-Staat« für die Schwellen- und Entwicklungsländer. Es gibt Entwicklungsländer, die sich rascher als Indien entwickeln, aber auch viele, bei denen die Entwicklung langsamer verläuft. Indien stiess 1990 0.61 Tonnen $CO_2$ pro Person und Jahr aus (Wikipedia: $CO_2$-Ausstoss pro Kopf). 2020 wird der Wert auf ca. 2.0 gestiegen sein. Der Wert hat sich also innert den letzten 30 Jahre mehr als verdreifacht. Wir können annehmen, dass sich der Wert in den nächste 30 Jahren (bis 2050) auch wieder verdreifachen wird. Damit wird der $CO_2$-Ausstoss in dem »Modell-Staat« Indien 2050 6.0 Tonnen pro Person betragen.

Der »Modell-Staat« Indien steht für 5 Milliarden Menschen in den Schwellen- und Entwicklungsländern. 5 Milliarden Personen mal 6.0 Tonnen pro Person gibt 30 Milliarden Tonnen $CO_2$. Wie viel sind 30 Milliarden Tonnen $CO_2$? Der weltweite $CO_2$-Ausstoss betrug 2017 36.2 Milliarden Tonnen (Statista Research Department). **Wir müssen daraus folgern, dass die Schwellen- und Entwicklungsländer 2050 riesige Mengen $CO_2$ ausstossen werden, die durch eine Reduktion der Werte in den industrialisierten Ländern unmöglich kompensiert werden können.**

Man kann einwenden, dass Indien bis 2050 auch teilweise auf alternative Energieerzeugung umstellen wird. Das mag sein, aber der »Modellstaat« Indien steht auch für Afrika und die Bevölkerung in Afrika wird bis 2050 auf etwa 2,5 Milliarden steigen.

Die Weltbevölkerung beträgt jetzt 7,8 Milliarden. Bis 2050 kommen nochmals 2 Milliarden Menschen dazu. In den Industrieländern nimmt die Bevölkerung ab, aber in den entwicklungsschwachen Ländern nimmt die Bevölkerung stark zu. **Wie viel $CO_2$ werden diese 2 Milliarden Menschen 2050 ausstossen?** Diese Frage haben sich die Fachleute scheinbar noch nie gestellt. Lassen sie es mich bitte wissen, wenn sie irgendeinen Bericht finden, in dem obige Frage erwähnt wird.

Wenn wir die Entwicklung der Weltbevölkerung betrachten, können wir kaum annehmen, dass bis 2050 der $CO_2$-Ausstoss deutlich gesenkt werden kann.
Oder können wir annehmen, dass in den nächsten 10 oder 20 Jahren neue Methoden für die Energieerzeugung gefunden werden, die den Wechsel zu $CO_2$-freier Energieerzeugung leichter machen als bisher angenommen?

**Photovoltaik:**
Wenn Solarpanels auf Dächern und Aussenfassaden montiert werden, kann mit Photovoltaik sehr umweltfreundlich Strom erzeugt werden. Photovoltaik hat aber einen grossen Nachteil. In Mitteleuropa erzeugen Solarpanels im Januar 8-mal weniger Strom als im Juli.
Wir brauchen aber im Winter besonders viel Strom. Solarpanels machen nur Sinn, wenn wir Speicher bauen können, in denen der im Sommer erzeugte Strom für den Winter gespeichert werden kann, oder wir finden uns

damit ab, dass im Winter zusätzlich Strom mit Gaskraftwerken erzeugt werden muss. Auf Stromspeicher werde ich später zurückkommen.

**Windenergie:**
Vor einigen Jahren hielt ich mich im westlichen Teil von Texas auf. Dort gibt es grosse Windparkanlagen mit sehr hohen Türmen. Ich fuhr unter eine Windkraftanlage, die noch von fünf weiteren umringt war. Es bliess ein konstanter, starker oder sehr starker Wind. Es herrschte ein beeindruckendes Getöse. Man spürte, dass hier riesige Mengen an Energie abgegriffen werden. Es war ähnlich eindrücklich, wie wenn gleichzeitig drei Helikopter starten würden. **Aber wohnen konnte man dort nicht.** Ich war erstaunt, dass man in der Schweiz und in Deutschland hunderte solcher Anlagen bauen wollte. **Es gibt unter den Planern für Energieanlagen und bei den Journalisten zu viele Träumer und zu wenig Realisten.**

Zukunft haben Offshore-Windparks. Wenn aber zu viele Anlagen in einer Region (z. B. Nordsee) gebaut werden, besteht die Gefahr, dass das Stromnetz zusammenbricht, wenn Flaute herrscht.
Vielversprechend ist die Entwicklung von schwimmenden Windkraftanlagen, die z. B. an den Atlantikküsten von Portugal, Frankreich, Grossbritannien und den USA installiert werden können.

Um den drohenden Klimawandel aufzuhalten, müssten Industrie-Nationen wie die USA erheblich mehr in Grundlagenforschung zur Energieversorgung investieren, sagt

Microsoft-**Gründer Bill Gates**. Dazu gehöre auch die For-
schung an neuen Typen von Atomreaktoren, wie dem
sogenannten Laufwellenreaktor, dessen Entwicklung von
Gates mitfinanziert wird. Weiter sagte Bill Gates: *Alle Technologien, die sich erneuerbar nennen, sind nicht verlässlich, da
sie nicht an allen Orten in ausreichender Menge vorhanden
sind.*

Wir brauchen **leistungsstarke Energiespeicher**. Das Linth-
Limmern Pumpspeicherkraftwerk ist das neuste und leis-
tungsstärkste Pumpspeicherkraftwerk in der Schweiz. Es
hat eine Speicherkapazität von 33 GWh. Der Jahresver-
brauch an Strom der Stadt Zürich beträgt 3000 GWh. Das
Pumpspeicherkraftwerk Linth-Limmern könnte Schwan-
kungen der Stromproduktion für die Stadt Zürich gerade
mal für ein paar Tage ausgleichen. Erstaunlich wenig, da
das Staubecken von Linth-Limmern 23 Mio. m3 Wasser
fasst und die Höhendifferenz 600 m beträgt. Solarstrom
vom Sommer kann so nicht für den Winter gespeichert
werden.[3]
Alle realistisch denkenden Naturwissenschaftler wissen,
dass die Physik beim Bau von Energie- und Speicheran-
lagen enge Grenzen setzt. **Es wird auch in Zukunft keine
Wunderanlagen geben!**
Anders verhält es sich im IT-Bereich, wo noch erstaunliche
Entwicklungen erwartet werden können.

**Langfristig wird eines der grössten Probleme sein, dass
das CO2, das wir freisetzen sich nur extrem langsam**

---

[3] Empfohlener Beitrag:
https://www.bulletin.ch/de/news-detail/wasserkraft-versus-batterien.html

**abbaut**. Etwa die Hälfte des freigesetzten $CO_2$ wird nach einigen Jahrzehnten vom Meer und dem Land aufgenommen sein, 15 % bis 40 % des $CO_2$ wird aber auch nach 1000 Jahren noch in der Atmosphäre sein (IPCC). Dies wird weitreichende Folgen haben.

## Selbstbestimmte Sexualität auch in den Entwicklungsländern

Seit Mai 1968 ist es ein **Menschenrecht**, frei über die Anzahl Kinder entscheiden zu können. 1994 wurde in Kairo von der Weltbevölkerungskonferenz ein Aktionsprogramm zur Verbesserung der reproduktiven Gesundheitsvorsorge, inklusive Familienplanung und das »Empowerment« von Frauen beschlossen.

Aber ein Recht auf Familienplanung nützt nichts, wenn der praktische Zugang zu Verhütungsmitteln nicht ermöglicht wird. **Für grosse Teile der Bevölkerung in den Entwicklungsländern sind Mittel für die Familienplanung unerschwinglich.** Sie sind darauf angewiesen, dass ihnen Hilfsorganisationen Verhütungsmittel stark vergünstigt oder gratis anbieten. Linksgrüne und religiöse Organisationen verhindern, dass Geld für die Familienplanung in Entwicklungsländer aufgewendet wird.

**Die katholische Kirche verweist auf den Katechismus.**[4]
*2370 Die zeitweilige Enthaltsamkeit sowie die auf Selbstbeobachtung und der Wahl von unfruchtbaren Perioden der Frau beruhenden Methoden der Empfängnisregelung [Vgl. HV 16] entsprechen den objektiven Kriterien der Moral. Diese Methoden achten den Leib der Eheleute, ermutigen diese zur Zärtlichkeit und begünstigen die Erziehung zu echter Freiheit. Hingegen »ist jede Handlung **verwerflich**, die entweder in Voraussicht oder während des Vollzuges des ehelichen Aktes oder*

---

4 http://www.vatican.va/archive/DEU0035/_P8C.HTM

*im Anschluss an ihn beim Ablauf seiner natürlichen Aus-
wirkungen darauf abstellt, die Fortpflanzung zu verhindern,
sei es als Ziel, sei es als Mittel zum Ziel» (HV 14). Während die geschlechtliche Vereinigung ihrer ganzen Natur nach
ein vorbehaltloses gegenseitiges Sich-Schenken der Gatten zum
Ausdruck bringt, wird sie durch die Empfängnisverhütung
zu einer objektiv widersprüchlichen Gebärde, zu einem Sich-
nicht-ganz-Schenken. So kommt zur aktiven Zurückweisung
der Offenheit für das Leben auch eine Verfälschung der inneren Wahrheit ehelicher Liebe...*

Als ich diesen Abschnitt im Internet gelesen hatte, dachte
ich zuerst, dass ich aus Versehen eine Version des Katechismus aus dem vorletzten Jahrhundert geöffnet hatte.
Aber es gibt keine aktuellere Version.
Im Psalm 127 steht: *Auch Kinder sind ein Geschenk des
Herrn; wer sie empfängt, wird damit reich belohnt.* Aber daraus kann man nicht ableiten, dass es »verwerflich« ist,
Mittel für die Familienplanung zu verwenden. In Europa
hält sich kaum ein(e) Katholik(in) an den Katechismus, ist
sich wohl aber kaum bewusst, dass er grosse Probleme in
Afrika verursacht, wenn er Geld der Caritas spendet.

**Nicht weniger verklemmt ist die folgende von linksgrünen
Kreisen und Gutmenschen vertretene Ansicht:**
*Um die Frauen besser zu stellen, sollte nicht der Zugang zu
Familienplanung verbessert werden, sondern Bildung, Gesund-
heit und Wohlstand gefördert werden. Die reproduktive Selbst-
bestimmung kommt dann von alleine.*

Ich empfehle Personen, die solche Ansichten vertreten,
eine Reise in eine arme ländliche Gegend in Afrika. Schaut

in die Augen hoffnungsvoller junger Mädchen, die wahrscheinlich nie die Mittel für Familienplanung aufbringen können und stellt euch vor, wie diese mittellosen Mädchen bald Mütter von vier bis sechs Kindern sein werden! Viele Mädchen werden sehr früh schwanger und brechen die Schule ab. Jedes Jahr kommt es zu 89 Millionen ungewollten Schwangerschaften und zu 36 Millionen oft tödlich endenden Schwangerschaftsabbrüchen. (https://www.dsw.org/freiwillige-familienplanung/)

Sicher gibt es noch Männer, die ihre Potenz mit der Anzahl ihrer Kinder unter Beweis stellen wollen, oder Schwiegermütter, welche die Frauen zu mehr Kindern drängen. Aber Millionen von Frauen in Entwicklungsländern – die Organisation Population Matters schätzt **270 Mio.** – haben keinen Zugang zu Mitteln für die Familienplanung.

Die meisten afrikanischen Jugendlichen finden heute eine Gelegenheit, sich westliche Filme anzuschauen. Darin sehen sie, welche sexuellen Freiheiten wir in Europa und in den USA haben. Eine Studie aus den USA zeigt, dass junge Männer 19-mal pro Tag an Sex denken. Es ist doch klar, dass das in Afrika nicht anders ist. Wir haben den Menschen in den Entwicklungsländern lebensrettende Medikamente und auch eine sehr freizügige Kultur gebracht, damit sind wir jetzt auch dazu **verpflichtet**, den Zugang zu Mitteln für die freiwillige Familienplanung zu ermöglichen.

**Man müsste schon rassistisch denken, wenn man die selbstbestimmte Sexualität nur der weissen Bevölkerung vorbehalten möchte.**

25.5 Millionen Menschen in Afrika südlich der Sahara sind
mit HIV infiziert. Dies ist ein weiterer Grund, dass mehr
Mittel für die Gesundheitsfürsorge kombiniert mit Aufklärung und Zugang zu Empfängnisverhütungsmitteln aufgewendet werden müssen.

In Sambia zum Beispiel leben 60 Prozent der Bevölkerung von weniger als einem Dollar pro Tag. Wie soll da
die Bevölkerung durch mehr Schulbildung in den nächsten Jahren die Mittel für die HIV-Vorsorge und die Familienplanung selber aufbringen?

# Gibt es ein Recht auf Sterbehilfe?

Unsere Gesellschaft wird immer älter. Die Medizin erlaubt es, den Tod hinauszuschieben, aber das Leben bis zum Schluss lebenswert zu erhalten, schafft sie oft nicht. Der Mensch hat das Selbstbestimmungsrecht auch über den Zeitpunkt seines Sterbens. Ich habe ein Recht auf Leben, aber auch ein Recht zu sterben, wenn mein Leben für mich nicht mehr lebenswert ist.

Man unterscheidet verschiedene Formen von Sterbehilfe (Euthanasie).

**Passive Sterbehilfe**
Bei der passiven Sterbehilfe werden lebenserhaltende Massnahmen beendet. Dies geschieht im Einvernehmen mit der betroffenen Person oder deren Angehörigen.

**Indirekte Sterbehilfe**
Mit der indirekten Sterbehilfe ist die Gabe von schmerzlindernden oder bewusstseinstrübenden Medikamenten gemeint. Die Betroffenen wünschen diese Behandlung oder haben dies in ihrer Patientenverfügung festgelegt.

**Begleiteter Suizid**
Hier geht es darum, dass dem Sterbewilligen das Medikament besorgt wird, das den Tod einleitet. Einnehmen muss sie die betroffene Person selbst.

**Aktive Sterbehilfe**
Auch Tötung auf Verlangen genannt, ist nur in wenigen Ländern erlaubt. Bei der aktiven Sterbehilfe wird dem Pati-

enten auf dessen Wunsch z. B. vom Arzt eine tödliche Spritze gesetzt.

In immer mehr Staaten wird die Sterbehilfe erlaubt. Aber die meisten Religionsgemeinschaften missbilligen die Sterbehilfe.
Der Katechismus der katholischen Kirche verurteilt »die Beihilfe zum Selbstmord«.
*2277 Eine Handlung oder eine Unterlassung, die von sich aus oder der Absicht nach den Tod herbeiführt, um dem Schmerz ein Ende zu machen, ist ein Mord, ein schweres Vergehen gegen die Menschenwürde und gegen die Achtung, die man dem lebendigen Gott, dem Schöpfer, schuldet.*
*2278 Die Moral verlangt keine Therapie um jeden Preis. Ausserordentliche oder zum erhofften Ergebnis in keinem Verhältnis stehende aufwendige und gefährliche medizinische Verfahren einzustellen, kann berechtigt sein. Man will dadurch den Tod nicht herbeiführen, sondern nimmt nur hin, ihn nicht verhindern zu können.*
In der Bibel konnte ich keine Stelle finden, die den Suizid direkt verurteilt.

Auch im Islam ist Sterbehilfe nicht erlaubt. Dazu kommt, dass im Islam gilt, dass der Mensch dazu erschaffen wurde, Schwierigkeiten und Not zu erdulden. Es ist nicht erlaubt, einen Menschen durch den Tod von Leid und Schmerzen zu befreien.

Jedes Land soll die Bedingungen, unter denen Sterbehilfe möglich ist, selbst bestimmen und darf sich nicht von Vertretern von Religionsgemeinschaften fremdbestimmen lassen.

## Wenn Sie von der Polizei festgenommen werden

Wer von Polizeibeamten überraschend festgenommen wird, fühlt sich in der Regel überrumpelt. Kaum jemand ist in dieser Situation in der Lage, einen kühlen Kopf zu bewahren. Auch wenn sie sich unschuldig fühlen, sollten sie sich in jedem Fall so ruhig wie möglich verhalten. Dies raten die »Rechtsanwälte Rudolph«. Wer sich »mit Händen und Füssen« gegen die Polizeibeamten wehrt, läuft Gefahr, eine Anzeige wegen Widerstands gegen Vollstreckungsbeamte zu erhalten.

Wie würden Sie sich verhalten?

Ich googelte den Begriff Polizeigewalt und fand folgenden Beitrag: Der Basketballer Sefolosha war vor fünf Jahren selber Opfer von Polizeigewalt geworden. Ihm brachen Beamte bei einer Kontrolle den Unterschenkel. Ich frage mich, ob die Polizei in den USA bei Kontrollen von Anfang an so gewalttätig ist, oder ob sich Sefolosha verbal und physisch gegen die Kontrolle gewehrt hat.

In Twitter twitterte ich: Die meisten Polizisten sind nicht schlecht. Ohne Polizei geht es nicht! Es würde weniger Polizeigewalt geben, wenn die Polizisten nicht beleidigt und angegriffen würden. Deeskalation auf beiden Seiten! anonym @maxsiroh antwortete mir: »blaming the victim«-strategie, zu deutsch: opfer-täter-umkehr. Mehr kann man zu so was eigentlich nicht sagen.

Warum kommt es bei Einsätzen der Polizei so häufig zu Gewalt? Häufig entwickeln sich Konflikte zwischen der Polizei und dem polizeilichen Gegenüber nach folgendem Schema: (Heinz Kraft, Das deeskalative Einsatzmodell der Polizei NRW)

1. *Die Konfliktparteien orientieren ihr eigenes Handeln am Handeln des Kontrahenten.*
2. *Der Aktion der einen Seite folgt eine unmittelbar bezogene Reaktion der anderen Seite (»erste Umdrehung der Konfliktspirale«).*
3. *Aktion und Reaktion verstärken sich wechselseitig und die Konfliktspannung nimmt zu (»Aufschaukelungseffekt«)*
4. *Die Aufschaukelung wird immer dynamischer, sodass der Konflikt für die Beteiligten ausser Kontrolle gerät.*

*Heinz Kraft schlägt vor, den »Adressaten« durch das Gespräch zu binden, um damit die Wahrscheinlichkeit einer Flucht oder aggressiven Verhaltens zu reduzieren.*

Rechtsextreme und linksextreme Parteien, Gruppierungen aller Hautfarben und aller Weltanschauungen sollten ihre Mitglieder auffordern, sich bei einer Festnahme nicht verbal oder physisch zu wehren. Sich loszureissen führt zu Gewalt. Wenn die Polizei die Flucht von Verdächtigen tolerieren würde, hätten wir bald chaotische Zustände.

Wie kann die Polizei reformiert werden, damit ihre Akzeptanz in der Bevölkerung wieder steigt? Es sollten bei der Polizei deutlich mehr Frauen und Polizisten mit Migrationshintergrund eingestellt werden und alle heiklen Einsätze sollten nur mit Bodycams durchgeführt werden.

**Für mich persönlich ist wichtig, dass die Polizei mich bei einer Kontrolle respektvoll und als gleichwertige Person behandelt.**

In Deutschland ist aufgefallen, dass es Polizisten gibt, die rechtsradikales Gedankengut verbreiten. Warum gibt es bei der Polizei kaum Anhänger von linken Positionen? In der DDR vertraten alle Polizisten linke Positionen, aber in den westlichen Demokratien gibt es kaum Polizisten, die politisch links stehen. Viele Polizisten vertreten Ansichten rechts von der politischen Mitte. Anders ist es bei den Journalisten. Die meisten Journalisten vertreten linke Positionen und so kommt es, dass linke Journalisten häufig wohlwollend über linke Demonstranten berichten, die sich Schlachten mit der Polizei lieferten.

Es ist sicher allgemein unbestritten, dass die Polizei das Gewaltmonopol hat und damit der Sicherheit der Bürger und Bürgerinnen dient. Die Polizei darf ihr Gewaltmonopol nicht missbrauchen und muss sich so verhalten, dass sie als **»Freund und Helfer«** angesehen werden kann. Es gibt aber Bevölkerungsgruppen, die von der Polizei häufig angehalten und kontrolliert werden und die die Polizei nicht als Freund, sondern als ihren Feind ansehen.

Es darf nicht toleriert werden, dass offen zum Kampf gegen die Polizei aufgerufen wird. Wie ich schon im Abschnitt *Aggressionen* erwähnte, gibt es Games, in denen man reihenweise Polizisten erschiessen kann (googeln: youtube gta 50 headshots).

Wir schätzen es alle, dass wir in einer freiheitlichen Gesellschaft leben dürfen, aber wir beschädigen unser freiheitli-
ches System, wenn wir zulassen, dass die Polizei als Prü-
gelknabe dient für Personen, die sich in unserem Staat
nicht zurechtfinden können.

# Kann der Liberalismus gefährlich sein?

Leitziel des Liberalismus ist die Freiheit des Individuums, vornehmlich gegenüber dem Staat. Jeder Mensch soll so leben, wie er möchte, solange er nicht die Freiheit anderer verletzt.

Dazu können sicher alle zustimmen. Aber was geschieht, wenn jemand durch sein Erbe oder durch seine Fähigkeiten wirtschaftlich so stark wird, dass andere von ihm abhängig werden? Wenn er sich nur auf die Maximierung des Profits seiner Firma ausrichtet und seine Macht missbraucht? Solches Verhalten kann zu Raubtierkapitalismus (auch Turbokapitalismus oder Ultraliberalismus genannt) führen.

Es gab Wirtschaftswissenschaftler, die die **freie** Marktwirtschaft propagierten. Heute setzen sich die meisten Wirtschaftswissenschaftler für eine **soziale** Markwirtschaft ein. Wie sozial soll die Marktwirtschaft sein? Wenn eine Wirtschaft nur sozial ist, fehlt der Stimulus grosse Leistungen zu vollbringen. **In der freien Marktwirtschaft kann das eigennützige (egoistische) Streben der Menschen zum Wohl der gesamten Gesellschaft beitragen.**

Wenn eine Wirtschaft nur »frei« ist, erhalten Mitarbeiter in nicht privilegierten Positionen ungerecht tiefe Löhne. Die Wirtschaft muss so geregelt werden, dass alle einen gerechten Anteil am Gewinn erhalten.
Gewerkschaften können helfen, die Rechte der Lohnabhängigen zu verteidigen. Es braucht Gewerkschaften. Alle

Menschen müssen sich wehren und ihr Recht einklagen können. Wenn aber Gewerkschaften die Löhne gegen die Gegebenheiten des Marktes durch Streiks nach oben drücken, dann brauchen sie das Instrument der Kartelle. **So wie die Bildung von Kartellen bei Firmen, so ist auch die kartellmässige Fixierung von Löhnen Gift für die Wirtschaft.**

Warum steigen die Löhne in den unteren Einkommensklassen ungenügend? Wenn wir annehmen, dass auch bei den Löhnen das Prinzip von Nachfrage und Angebot gilt, dann müssen wir feststellen, dass Personen mit gering qualifizierten Berufen – wegen der Globalisierung – mit Arbeitern aus China konkurrieren müssen.

Mitarbeiter einer Firma, die Staubsauger herstellen, können durch Streiks nicht höhere Löhne durchsetzen, weil sonst die Staubsauger aus China importiert werden. Die Gewerkschaften haben im produzierenden Gewerbe an Einfluss verloren.

Die Löhne und damit auch die Preise der Produkte steigen kaum mehr und wir haben fast keine Inflation.

Die Arbeitgeber können auch fast unbeschränkt viele Arbeitskräfte aus Billiglohnländern holen. Zurechtgebogene »Studien« von Wirtschaftswissenschaftlern machen uns glauben, dass die Löhne durch Zuwanderung nicht weniger steigen. Auch viele Gewerkschaften akzeptieren diese Studien, weil sie dem Sozialismus verpflichtet sind, der die Grenzen für alle öffnen will. Es besteht eine unheilige Allianz zwischen Vertretern der freien Marktwirtschaft und vom Sozialismus geprägten Gewerkschaften, was bewirkt, dass das »Angebot« an Arbeitskräften mit geringer Qualifikation immer gross ist und die Löhne nicht von selbst steigen.

Eine unkontrollierte Globalisierung bringt den internationalen Konzernen am meisten Vorteile.

Organismen der Natur bestehen aus Zellen, die durch Zellwände geschützt sind. Jede Zelle legt fest, was die Zellwände passieren darf und was nicht. Organismen bestehen nicht aus einem Fluidum, in dem sich alles überallhin bewegen kann. So müssen auch alle Länder festlegen, wie weit sie ihre Grenzen offen halten wollen.

Die soziale Marktwirtschaft braucht sorgfältig austarierte Gesetze. Aber alles lässt sich nicht mit Gesetzen regeln. Die **Reputation** von Firmen und Institutionen muss von der Gesellschaft hoch gewichtet werden. Schwarze Listen können grossen Einfluss haben.

Wenn sich Firmen dem Raubtierkapitalismus hingeben, müssen sie auch von den bürgerlichen Parteien an den Pranger gestellt werden.

Die soziale Marktwirtschaft kann nicht ganz verhindern, dass es grosse Lohnunterschiede gibt. Einkommensunterschiede müssen durch Steuern gemildert werden. Die Steuertarife werden in den meisten Ländern progressiv gestaltet. Die Steuerprogression ist aber in fast allen Ländern durch die Teuerung in Schieflage geraten. Durch die kalte Progression werden die kleinen und mittleren Einkommen zu stark besteuert und der Spitzensteuersatz greift zu früh. Das Gleiche gilt auch für die Vermögenssteuern.

Dogmatischer Liberalismus hat die Eigenschaften einer Ideologie und ist für die Gesellschaft schädlich, weil er zu Ungerechtigkeiten führt und den Kommunismus und den dogmatischen Sozialismus fördert.

# Nur noch Wunschkinder

Wenn es nur noch Wunschkinder geben würde, wäre alles viel einfacher.

Wenn die Empfängnisverhütung bei der Familienplanung versagt hat, stellt sich den Paaren die Frage: Sollen, dürfen wir abtreiben?
Gilt das Selbstbestimmungsrecht der Frau oder das Lebensrecht des menschlichen Embryos?
Aus den USA stammt das Schlagwort »Pro-Choice« für die Forderung, Schwangerschaftsabbrüche allgemein zuzulassen und die Gegner formieren sich unter dem Schlagwort »Pro-Life« in sogenannten Lebensrechtbewegungen.

Das Neue Testament behandelt das Thema nicht, aber die katholische Kirche vertritt in der Enzyklika Evangelium Vitae die Ansicht, dass die gewollte Abtreibung immer ein schweres sittliches Vergehen darstellt.

Ich kann gut nachvollziehen, dass man aus religiösen Gründen den Schwangerschaftsabbruch ablehnt, **aber das Neue Testament gibt keinen Hinweis darauf, dass man Andersdenkenden seine eigene Überzeugung aufzwingen darf.**

Nach Schätzungen der WHO sind 40 % aller Schwangerschaften ungeplant und etwa ein Fünftel aller schwangeren Frauen entschliesst sich zu einem Abbruch. Dies entspricht jährlich etwa 40 Millionen Schwangerschaftsabbrüchen, davon 20 Millionen legal und 20 Millionen gegen die gesetzlichen Bestimmungen am Ausführungsort.

Schwangerschaftsabbrüche können durch konsequentes Anwenden von Verhütungsmitteln verhindert werden. Dies ist jedoch nicht überall auf der Welt gleichermassen möglich. **250 Millionen Frauen in den weniger entwickelten Regionen der Erde fehlt heute noch immer der Zugang zu sicheren und wirksamen Methoden der Familienplanung.**

Etwa ein Drittel des Weltbevölkerungswachstums beruht heute auf ungewollten Schwangerschaften. Dies führt vor allem in Afrika südlich der Sahara zu rasantem Bevölkerungswachstum (Wikipedia Jan. 2021: Familienplanung).

Der Grossteil der illegalen Abbrüche wird von Laien und damit meist unter medizinisch und hygienisch prekären Bedingungen ausgeführt. Die Anzahl der Todesfälle bei Schwangerschaftsabbrüchen ist rückläufig, weil die Frauen mehr und mehr mit Medikamenten abtreiben.

Die Rate der Schwangerschaftsabbrüche ist in Ländern mit liberaler Gesetzgebung geringer oder vergleichbar mit derjenigen in Ländern mit restriktiver Gesetzgebung.
Es besteht aber ein direkter Zusammenhang zwischen dem Grad der Sexualaufklärung und der Abbruchrate. Sexualaufklärung und ein leichter Zugang zu Verhütungsmitteln senken die Abbruchrate. Restriktive Gesetze fördern nur die illegalen Abbrüche.

Es gibt viele Studien, die zu erfassen versuchten, wie häufig Frauen nach einem Schwangerschaftsabbruch an psychischen Störungen leiden. Die Ergebnisse dieser Studien unterscheiden sich stark. Klar ist aber, dass der moralische

Druck der Gesellschaft und die wahrgenommene Stigmatisierung stark belastend wirken.

Aber auch Mütter, denen ein Schwangerschaftsabbruch verweigert wurde, können laut einer systematischen Übersicht unter den Konsequenzen leiden. Es wird berichtet, dass sich viele Frauen nur schwer an die ungewollte Mutterrolle anpassen konnten und das Kind eher als Belastung empfinden. Die Kinder der betroffenen Mütter erbringen durchschnittlich schlechtere Schulleistungen, zeigen häufiger Verhaltensauffälligkeiten wie Delinquenz und benötigen häufiger psychiatrische Behandlungen (Wikipedia: Schwangerschaftsabbruch).

Ich möchte hier betonen, dass dies statistische Angaben sind und dass es sicher auch viele Frauen und Paare gibt, die sich bei einer ungewollten Schwangerschaft nach einiger Zeit auf ihr Kind freuen und es mit viel Liebe und Zuwendung grossziehen.

Wenn wir die freiwillige Familienplanung auf der ganzen Welt ermöglichen, erreichen wir drei Ziele:

1. **Wir erleichtern das Zusammensein von Frauen und Männern in den Entwicklungsländern** und verhindern tödliche Schwangerschaftsabbrüche.
2. Die wirtschaftlichen und sozialen Bedingungen in den Drittweltländern verbessern sich nachhaltiger und rascher.
3. Die Klimaerwärmung wird verlangsamt.

Linksgrüne und religiöse Organisationen verhindern, dass Geld der Entwicklungshilfe für die Familienplanung aufgewendet wird.

Im Katechismus der katholischen Kirche steht: … jede Handlung ist verwerflich, die entweder in Voraussicht oder während des Vollzugs … die Fortpflanzung zu verhindern … (siehe Abschnitt *Selbstbestimmte Sexualität auch in Entwicklungsländern*).

Die Linksgrünen postulieren, dass bessere Bildung der Frauen automatisch zu kleineren Kinderzahlen führt. Das kann in Afrika aber noch 30 Jahre oder mehr dauern.
Laut Schätzung der UNESCO gehen 58 Millionen Kinder im Grundschulalter nicht zur Schule. **Wie soll so selbstbestimmte Sexualität möglich sein?**

Die Linksgrünen fürchten, dass man uns rassistische Motive unterstellen könnte. Sicher besteht diese Gefahr, aber das darf kein Grund sein, die Familienplanung zu einem Tabuthema zu machen. Dadurch fördert man Hungersnöte und die Verwahrlosung von Kindern, die von ihren Eltern auf die Strasse geschickt werden, weil sie die grosse Kinderschar nicht mehr ernähren können.

**Nur durch Einschränkungen und den Einsatz von neuen Technologien können wir den Ausstoss von $CO_2$, Methan und $N_2O$ nicht genügend reduzieren** und wir riskieren, dass es zur Klimakatastrophe kommt. Auch wenn es möglich wäre, den Ausstoss von Treibhausgasen weltweit sehr stark zu reduzieren, könnte die Erde 10 oder 11 Milliarden

Menschen nicht ertragen. Das Artensterben wäre nicht aufzuhalten.

Die Anzahl Kinder pro Frau ist in den industrialisierten Ländern stark gesunken und liegt heute grösstenteils deutlich unter 2,1. Erstaunlich ist, dass z. B. auch im Iran und in Brasilien die Kinderzahl auf 1.8 gesunken ist.

Im Niger z. B. liegt die Kinderzahl aber bei 6,6 und in Nigeria bei 5,1. Kaum sind dort Schulen fertig gebaut, sollten schon wieder neue Schulen geplant werden. Hier hat Hilfe bei der Familienplanung nichts mit Rassismus zu tun! Eine nachhaltige Entwicklung dieser Länder ist fast unmöglich.

Wir dürfen dieses Problem nicht durch die Brille von Ideologen sehen. Die Weltbevölkerung sollte möglichst bald langsam sinken und das ist ohne Probleme möglich, wenn auf der ganzen Welt Mittel für die freiwillige Familienplanung gratis erhältlich sind.

Und gleichzeitig können alle Paare auf der ganzen Welt so viele Kinder haben, wie sie wünschen.

Was müssen wir ändern, um das zu erreichen?

Kinderlosen Frauen darf man nicht mehr das Gefühl geben, dass sie ihre »biologische Bestimmung« nicht erfüllen. Frauen mit und ohne Kinder sind absolut gleichwertig. Die Krankenkassen sollen Paaren mit unerfülltem Kinderwunsch weiterhin die künstliche Befruchtung bezahlen. Viele Paare leiden, wenn sich ihr Kinderwunsch lange nicht erfüllt.

Für Teenager ist es ein riesiger Schock, wenn sie feststellen, dass sie schwanger sind. Unerwünschte Schwangerschaften sollten durch gute Aufklärung und leichte Erhaltbarkeit von Verhütungsmitteln vermieden werden.

Es gibt auch einen medizinischen Grund, sich für geplante Schwangerschaften einzusetzen. Um zu vermeiden, dass Babys mit offenem Rücken (Spina bifida) geboren werden, wird Frauen, die einen Kinderwunsch hegen, empfohlen, bereits vor der Schwangerschaft Folsäure zu sich zu nehmen.

Aber wenn wir weniger Kinder haben, wer finanziert dann die Gesundheitsversorgung für ältere Menschen? Menschen im Ruhestand zahlen kaum mehr Steuern und die Gesundheitskosten steigen, aber anderseits nehmen die Kosten für Kindergärten, Schulen und Universitäten ab. Auch die Kosten für den Ausbau der Infrastruktur werden deutlich sinken.

Die Wirtschaft befürchtet, dass es zu wenig Arbeitskräfte geben wird, umgekehrt fürchten viele, dass durch die Automation und Digitalisierung in Zukunft viele Arbeitsplätze verloren gehen. Beide Befürchtungen sind unbegründet. Mehr im Abschnitt *Die Bürger sind wichtiger als die Wirtschaft*.

## »Wovor hat diese Kröte Schiss?«

Dies sagte der Regimekritiker Nawalny in Bezug auf Putin. Sollen wir Oppositionelle mit einem solchen Vokabular unterstützen?

2011 sprach sich Nawalny für freien Waffenbesitz aus für den Fall, dass »Kakerlaken in unsere Wohnung eindringen« – gemeint waren mit den Kakerlaken Migranten aus dem Kaukasus.

Im Februar 2021 stufte Amnesty International den Kreml-Kritiker Nawalny nicht länger als »gewaltlosen politischen Gefangenen« ein[5]. Ich finde auch, dass wir keinen Oppositionellen unterstützen sollten, der als Präsident gleich schlimm oder schlimmer als der gegenwärtige Regierungschef wäre.

Vorbildliche Regimegegner waren Mahatma Ghandi, Martin Luther King, Nelson Mandela (in der zweiten Lebenshälfte) und alle, die 1989 für den friedlichen Wandel der DDR verantwortlich waren (»Montagsdemonstrationen«).

**Gewaltfreie Proteste haben doppelt so grosse Chancen, ihre Ziele zu erreichen, als gewalttätige Proteste.** Zu dem Ergebnis kamen zwei amerikanische Forscherinnen, nachdem sie für ihre Studie »Why Civil Resistance Works« 323 Widerstandsbewegungen der letzten 106 Jahre untersucht hatten.

---

[5] Amnesty International will sich aber weiter für seine Freilassung einsetzen.

Welche Art von Aktionen und Demonstrationen können als gewaltfrei bezeichnet werden?

- Fahnen oder Kerzen in Fenster stellen
- Märsche mit Plakaten durch die Zentren von Städten (evtl. mit Gesang oder rufen von Parolen)
- Lange Menschenketten bilden
- Demonstrationen in Geschäften oder Banken (Hausfriedensbruch)
- Sitzblockaden, bei denen sich die Demonstranten von Polizisten wegtragen lassen
- Sitzblockaden, bei denen sich die Demonstranten an Brückengeländer festketten
- Barrikaden errichten und brennbare Abfälle anzünden

Für mich sind Hausfriedensbruch und Sitzblockaden schon nicht mehr eindeutig gewaltfrei.

Aggressive Formen von Protesten stossen viele potenzielle Mitläufer ab. Bei gewaltfreien Aktionen ist es möglich, dass ein grosser Teil der Bevölkerung mitmacht oder sich solidarisiert. Damit erhält die Protestbewegung auch eine moralische Legitimation.

Protestbewegungen, die ihre Ziele mit Gewalt durchsetzen wollen, riskieren, dass es zu Umstürzen mit grossem Elend als Folge kommt. Häufig gilt dann: ***Die Revolution frisst ihre eigenen Kinder,*** weil am Schluss sehr radikale Gruppierungen die Oberhand gewinnen.

In Ländern mit **direkter Demokratie** können die Bürger am einfachsten Änderungen von Gesetzen durchsetzen.

Illegale und gewaltsame Aktionen sind hier eindeutig nicht mehr gerechtfertigt. Alle Gruppierungen können für ihre Anliegen Unterschriften sammeln und erreichen, dass über ihre Anliegen abgestimmt wird (siehe auch: *Direkte Demokratie*).

Die direkte Demokratie ist die stabilste Staatsform, weil hier extreme Ideologien aller Art kaum eine Chance haben.

www.ingramcontent.com/pod-product-compliance
Lightning Source LLC
Chambersburg PA
CBHW021015160726
47994CB00006B/2533